Para

com votos de paz.

/ /

SUELY CALDAS SCHUBERT

ANTE OS TEMPOS NOVOS

Salvador
3. ed. - 2016

3. ed. – 2016
3.000 exemplares (milheiros: do 14º ao 16º)

Revisão: Manoelita Rocha
Prof. Luciano de Castilho Urpia
Editoração eletrônica: Eduardo Lopez
Capa: Cláudio Urpia
Coordenação editorial: Prof. Luciano de Castilho Urpia
Produção gráfica:
LIVRARIA ESPÍRITA ALVORADA EDITORA
Telefone: (71) 3409-8312/13 – Salvador (BA)
Homepage: www.mansaodocaminho.com.br
E-mail: <leal@mansaodocaminho.com.br>

Dados Internacionais de Catalogação na Publicação (CIP)
(Catalogação na fonte)
Biblioteca Joanna de Ângelis

SCHUBERT, Suely Caldas.
S384 *Ante os tempos novos*. 3. ed. / Suely Caldas Schubert.
Salvador: LEAL, 2016.
200 p.
ISBN: 978-85-8266-111-6
1.Biografia 2.Espiritismo 3.Divaldo Franco
4.Mediunidade I. Schubert, Suely II. Título.

CDD: 133.90

Impresso no Brasil
Presita en Brazilo

SUMÁRIO

APRESENTAÇÃO

Milhas aéreas, quilômetros de rodovias, distâncias superadas, presença da mensagem espírita em cinquenta e um países, mil e duzentas cidades na rota do *Consolador*, que vem para ficar. Mas, ainda falta muito. Por isso, Divaldo Franco caminha, prossegue, sem tempo para o cansaço nem para si próprio.

A viagem espírita de Allan Kardec, em 1862, inaugurou o roteiro e o exemplo. Léon Denis seguiu-lhe os passos. Então, a partir daí, assentadas as bases para a divulgação da Doutrina Espírita através da pregação.

O codificador escreveria mais tarde:

"Imaginar que ainda estamos nos tempos em que alguns apóstolos podiam pôr-se a caminho com um bastão de viagem, sem cogitarem de saber onde pousariam, nem do que comeriam, fora alimentar uma ilusão que, bem depressa, amarga decepção destruiria. Para alguém fazer qualquer coisa de sério, tem que se submeter às necessidades impostas pelos costumes da época em que vive e essas necessidades são muito diversas das dos tempos da vida patriarcal." (*in Obras Póstumas* – Constituição do Espiritismo. It. 9).

Nesse novo tempo, Divaldo chega e inicia sua missão. De acordo com os convites que lhe são feitos, nos diversos países, Divaldo estabelece o roteiro, e, como já tem ocorrido, Joanna de Ângelis associa a esse projeto, previamente traçado, a programação da Espiritualidade Superior, que atende, assim, aos interesses espirituais das regiões visitadas.

As páginas psicografadas têm, pois, características específicas endereçadas às cidades e/ou ao país onde Divaldo as recebe. Todavia, a par dessa peculiaridade, trazem, também, a mensagem universal do amor e da paz, razão pela qual falam ao coração humano.

Toda esta colocação que acabamos de fazer leva-nos a descortinar alguma coisa bem maior. É que, afinal de contas, o Mundo espiritual superior não está subordinado às resoluções dos encarnados, portanto, a própria programação feita por Divaldo e pelos promotores das palestras é, nada mais nada menos, que os reflexos de todo o grandioso trabalho espiritual de Joanna de Ângelis, no sentido de semear a Doutrina Espírita aos mais diversos e longínquos rincões deste planeta.

Talvez possam, alguns, supor, que viajar pelo mundo pregando o Espiritismo é fazer turismo, é passeio feliz que a maioria gostaria de realizar. Conquanto certas comodidades que os tempos modernos oferecem, a seriedade do trabalho requer toda uma preparação que não se faz em poucos meses, mas em anos de experiências na área da divulgação e que exige muito trabalho e estudo, disciplina, perseverança, conduta moral consentânea com os princípios doutrinários e, muito especialmente, a assessoria espiritual dos benfeitores da Vida

Maior, pois não se faz uma programação, dessa ordem, aleatoriamente.

Eis por que Divaldo Franco cruza o espaço aéreo de diferentes e distantes países, atendendo aos novos tempos e ampliando cada vez mais a sua área de ação, na semeadura da Doutrina Espírita.

No prefácio do livro *Viagem Espírita em 1862*, Wallace L. Rodrigues, referindo-se à *História do Espiritismo*, afirma que essa ainda não foi escrita, e, quando isto ocorrer, "nos impressionaremos com o capítulo dos que se dispuseram a sair pelo mundo, a enfrentar a enigmática substância das plateias, para transmitir a Doutrina dos Espíritos, ainda que ao preço de danos morais e físicos."

E numa formosa ideia, acrescenta:

"A esse capítulo se intitulará, talvez, os *Atos dos Espíritas*, parafraseando, por um simples impulso de descobrir o futuro no passado, os *Atos dos Apóstolos*."

Ouvindo o relato de Divaldo acerca de sua visita ao campo de concentração de Mauthausen, de seu encontro com Vlado e o seu dramático depoimento e outras ocorrências de suas viagens, em momento oportuno, disse-lhe da necessidade de que essas experiências, por demais importantes, fossem reunidas em um livro, e manifestei-lhe o desejo de tecer comentários doutrinários a respeito, por julgar que despertariam o interesse geral.[1]

Aqui está, pois, o resultado desse pedido.

Leitores amigos! Sigamos juntos o roteiro de Divaldo, viajando em suas narrativas e participando dessas emoções felizes que a Doutrina dos Espíritos nos proporciona.

---

[1] Divaldo faz uma breve narração da viagem em cada capítulo. Logo após, Suely comenta-a, incluindo a mensagem que foi ditada naquela ocasião (nota da Editora).

Divaldo fala.

As distâncias se encurtam, pessoas estranhas em poucos minutos se reconhecem *velhos* amigos, o encontro breve se prolonga num tempo sem fim, o sorriso acontece e todos se percebem como partícipes de um momento especial, que transcende a quaisquer expectativas – porque Divaldo fala.

Num átimo, antigas barreiras jazem por terra, preconceitos arraigados surgem como obstáculos inúteis, problemas insolúveis são clarificados, muda-se a óptica de vida, enquanto a nova mensagem vai sendo assimilada.

Divaldo fala de um mundo melhor, onde não há morte e mortos, mas vida! E vida em abundância. Onde não há vencidos nem vencedores, mas invencíveis.

A sua voz ecoa pelo espaço como uma sinfonia majestosa, trazendo as harmonias (esquecidas ou desconhecidas) do mais puro sentimento de amor. E por isso os corações se enchem de júbilo – porque há esperança. A promessa do que há de vir pacifica e renova.

Há agora um projeto novo de vida em cada olhar.

Porque estes são novos tempos, novos fatos, novos atos.

Juiz de Fora (MG), julho de 1994.
Suely Caldas Schubert

PRECE

Senhor,

Não somos outros, aqueles que aqui nos encontramos.

Réprobos que volvemos do passado de delitos,

Recomeçamos a senda assinalados pelas deficiências.

Buscando a estrada perdida,

Volvemos aos pélagos vorazes onde nos afogamos,

Aguardando a barca da Tua Misericórdia,

Que nos levará ao porto da paz.

Não nos atrevemos a pedir-Te justiça,

Que pesaria na economia das nossas almas.

Suplicamos-Te Misericórdia, Senhor,

E piedade para nossas limitações,

Pelos nossos graves erros.

Distende-nos generosa mão

E alça-nos, do abismo em que tombamos,

Para as cumeadas da montanha da sublimação evangélica,

Para onde rumamos.

Senhor,

Dignifica-nos com o hálito da Tua inspiração.

Não nos deixes, outra vez, entregues a nós mesmos,

Pois só Tu tens a palavra de luz e de vida eterna.

Se, contigo, Senhor, estamos desolados e tristes,

Sem Ti, como estaremos?

Utiliza-Te, pois, do que resta de nós,

E, da argila imperfeita de que nos constituímos,

Erige o santuário da fraternidade para os homens,

Tornando-nos instrumentos da Tua paz.

Abençoa-nos, a todos nós,

Os discípulos imperfeitos que reconhecemos ser,

E concede-nos a luminosa oportunidade de servir--Te um pouco mais,

A benefício da nossa vida.

E fica, ainda, Senhor, conosco,

Para que tenhamos tempo de nos impregnarmos de Ti,

Insculpindo-Te no país dos nossos corações,

Que já Te amam.[2]

Bezerra

[2] Mensagem psicofônica através de Divaldo Franco, em Botucatu, SP, no Centro Cristão Espírita *O Caminho da Verdade*, em 25 de abril de 1987 (nota da autora).

1
A MISSÃO DOS DISCÍPULOS

"E chamando os seus doze discípulos, deu-lhes poder sobre os Espíritos imundos, para os expulsarem e para curarem toda a enfermidade e todo o mal.

"Ide antes às ovelhas perdidas da Casa de Israel;

"E indo, pregai, dizendo: É chegado o Reino dos Céus.

"Curai os enfermos, limpai os leprosos, ressuscitai os mortos, expulsai os demônios: de graça recebestes, de graça dai.

"Não possuais ouro, nem prata, nem cobre em vossos cintos.

"E, em qualquer cidade ou aldeia em que entrardes, procurai saber quem nela seja digno e hospedai-vos aí até que vos retireis.

"Eis que vos envio como ovelhas em meio dos lobos; portanto, sede prudentes como as serpentes e simples como as pombas.

"Acautelai-vos, porém, dos homens; porque eles vos entregarão aos sinédrios, e vos açoitarão nas sinagogas;

"E sereis até conduzidos à presença dos governadores e dos reis por causa de mim, para lhes servir de testemunho a eles e aos gentios.

"Mas, quando vos entregarem, não estejais cuidadosos de como, ou que, haveis de falar; porque naquela mesma hora vos será ministrado o que haveis de dizer.

"Porque não sois vós que falais, mas o Espírito de vosso Pai é que fala em vós."

(Mateus, 10: 1 a 11 e 16 a 20).

2
A CASA DE ISRAEL

Fala! Falaremos por ti e contigo!
(Palavras do Espírito Irmão X a Divaldo, em sua primeira palestra em Aracaju (SE), em 1947).

Há quarenta e quatro anos, Divaldo Pereira Franco segue a recomendação que lhe foi transmitida em sua primeira palestra, proferida na antiga União Espírita Sergipana. Tinha pouco mais de dezenove anos.

Quatro décadas após, Divaldo cumpre a missão que lhe foi conferida e para a qual se preparou, adredemente, dentro da programação espiritual que antecedeu à sua atual reencarnação.

Todo esse programa é abordado em nosso livro *O Semeador de Estrelas.*

É essa mesma programação espiritual que o levou agora a pregar a Doutrina Espírita aos mais diferentes e distantes rincões da Terra. Nesse momento em que escrevo (março de 1991), ele está na longínqua Malásia, do outro lado do mundo, levando a palavra do Evangelho à luz do Espiritismo.

Neste livro, porém, relataremos os fatos de suas atividades de propagação doutrinária, abrangendo o período de 10 de maio a 13 de junho de 1990, em sete países: Estados Unidos, Áustria, Tchecoslováquia, Suíça, Alemanha, Itália e França, num total de dezessete cidades.

Se atentarmos bem para essa gigantesca obra de divulgação do Espiritismo, concluiremos que, guardadas as devidas proporções, se Paulo de Tarso foi aos gentios, Divaldo vai a todas as gentes.

Nos mais distantes países, nas modernas megalópoles, nas capitais famosas ou nas pequenas cidades do interior do Brasil, em grandes estádios, anfiteatros, cinemas, templos, teatros, universidades, salas de aula, em praça pública ou no pequeno salão de um modesto Centro Espírita, ei-lo que surge, enfrentando plateias totalmente desconhecidas, para falar das excelências do Evangelho na leitura feita pela Doutrina Espírita.

Núcleos são fundados em lares, quase sempre, para depois, em se expandindo, alcançarem abrangência maior em outros locais. Pode-se ver a semente germinar. A princípio tenra, frágil, como tudo o que começa a brotar e existir. Em seguida, o crescimento e o fortalecimento sob o zelo de jardineiros dedicados.

Seguindo o programa espiritual que Joanna de Ângelis, a sua mentora, inspira e assessora, Divaldo retorna mais vezes para nutrir com a seiva do conhecimento, do amor e do entusiasmo esses núcleos recém-criados.

Assim, hoje, enquanto visita os que já estão caminhando com independência, ele prossegue lançando sementes em outras terras, em busca do solo fértil dos corações humanos, quase sempre ávidos de receberem a mensagem do Mais-alto, o anúncio de que é chegado o Reino dos Céus.

Ide antes às ovelhas perdidas da Casa de Israel.

O mundo é o imenso redil e Jesus é o Bom Pastor.

A Casa de Israel não tem fronteiras.

3
Estados Unidos

Realizamos, conforme programado, a nossa jornada de divulgação doutrinária a partir do dia 10 de maio de 1990, em Los Angeles, CA (USA), tendo-a encerrado no dia 13 de junho, na cidade de Nogara, na Itália. Foi uma experiência rica de bênçãos, através de oportunidades de serviço e de autoiluminação. Tivermos ocasião de visitar sete países e de levar a mensagem espírita a dezessete cidades de dois continentes – o norte-americano e o europeu.

Sempre que retornamos de jornadas dessa natureza, trazemos profundas reflexões, e a mais importante delas é a que nos leva a examinar a problemática corriqueira da Humanidade – o homem é o mesmo em todo lugar, e a dor que o amesquinha tem as mesmas características que se apresentam nas mais variadas regiões da Terra, seja nas cidades mais humildes ou nas metrópoles mais bulhentas, nas vilas desconfortáveis ou nas megalópoles superdesenvolvidas. A presença do sofrimento, com as suas garras aflitivas, é ainda o caminho de domar as más inclinações do homem, de fazê-lo reverter as paixões negativas, a fim de adquirir a serenidade, o discernimento para a autoiluminação, e a diretriz e o aprimoramento interior na busca de sua realização mais profunda: o encontro com a verdade.

Essas reflexões sempre nos acompanham porque, à medida que vamos vendo as pessoas nas diversas cidades, em um largo *continuum*, variando apenas de aspecto, de idioma, de costumes, de cultura, observamos as mesmas características dolorosas. Em algumas, há uma postura que, às vezes, tenta dissimular o que lhes vai na alma. Noutras oportunidades, a aflição exposta com todas as marcas que levam à loucura, à insensatez, ao crime, ao autocídio, mas também a presença do amor de Deus procurando luarizar essa noite sem claridade que se abate sobre o coração humano, evitando que a criatura tombe na total desesperação.

Extraordinária a Doutrina Espírita! Ela projeta luz sobre os escaninhos mais sublimes do comportamento humano; ela fala a linguagem profunda e universal do amor, e conclama todas as criaturas a uma revisão de atividades, a uma releitura de comportamento, ao reestudo de si mesma, por cujas diretrizes, somente se apoiando na crença em Deus, na certeza da sobrevivência e nas claridades luminíferas da reencarnação, é que pode ter forças para suportar as vicissitudes.

3.1 O início da jornada: Los Angeles

A nossa jornada começa numa das cidades mais formosas da Terra, disputada pelos gênios, pelos sábios, pelos artistas, pelos aventureiros de todo porte: Los Angeles, na Califórnia.

Chegamos no dia 11 de maio, às onze da manhã, hora local. Daniel Benjamin nos esperava, levando-nos

DIVALDO FRANCO

Paranormal Lecturer

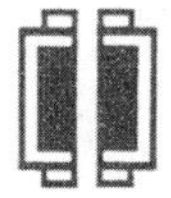

World renowned metaphysical teacher, paranormal writer and co-author of 73 books.

You are invited to a lecture by this prominent teacher in the field of human transformation

His life has been devoted to two missions--to serve as psychic bridge for discarnated intelligences, who have authored every book he has ever published, and to provide assistance and shelter to outcast children.

He became renowed worldwide for his psychic lecturing. In 39 years of psychic work he has lectured in 34 countries, on 69 TV stations, and 160 radio stations, and in more than 1000 cities.

THEME: FEAR OF LOVE: THE INVISIBLE HURDLE
WHEN: Friday, May 11, 7:30pm
WHERE: Holiday Inn
1020 S. Figueroa (near Olympic Blvd.) Los Angeles
SPONSORED BY: Allan Kardec Educational Society
more information: (213) 7823640

diretamente ao hotel. À tarde, o Dr. João Zério (PhD), nosso tradutor, chegou de Phoenix, AZ, e às dezoito horas nos dirigimos ao Hotel Holiday Inn. Esse trabalho foi coordenado por Márcia Benjamin e o nosso grupo daquela cidade.

O tema da noite era, em inglês, *Fear of love: The invisible hurdle* – (*Medo de amar: A barreira invisível.*)

Proposto este tema, tivemos o ensejo de verificar como, em realidade, as pessoas têm medo de amar, porque, para que amemos, faz-se indispensável que nos desarmemos das posições negativas, de todas as expressões de dissimulação, que assumamos a nossa realidade, que nos desvelemos, a fim de que o ser a quem amamos nos conheça conforme somos e nos possa amar em nossa realidade objetiva, não na personalidade dissimuladora.

Estavam presentes aproximadamente oitenta pessoas. Após o término da exposição, como é de hábito aqui na América e na Europa, foi aberto um espaço para perguntas e respostas, que se alongou por mais de uma hora. As perguntas iam desde as mais elementares até os estados conflitivos da personalidade. Questões como: – *Por que eu sou malsucedido no amor? Por que as pessoas não me amam?* Ou – *Por mais que eu me entregue e procure vivenciar o amor, os conflitos da minha personalidade atingem o meu comportamento. Por quê?*

Era necessário que uma visão psicológica da vida, apoiada na libertação pelo conhecimento espírita, viesse em socorro dessas almas, a fim de aliviá-las de tensões e apresentar-lhes um roteiro de segurança para uma vida compatível com as necessidades dos dias que vivemos.

Assim, passamos a responder com calma, as questões apresentadas.

No sábado, dia 12, realizamos o *workshop* intitulado *Healing: Why not you?* (*Cura: Por que não você?*) Esse labor foi desenvolvido na residência da Sra. Rachel Levy, em Carson, CA. Estavam presentes cinquenta e duas pessoas. Esta foi a segunda vez que a Sr.ª Rachel preparou um *workshop* dessa natureza para a Mansão do Caminho. A tradução foi feita pelo Dr. João Zério, e o tema se desenvolveu com muita facilidade.

Normalmente achamos que os outros têm capacidades curativas e que as demais pessoas devem curar-nos, não obstante, não há privilégios na vida. Jesus nos ensinou e a Doutrina Espírita nos demonstra que somos filhos de Deus, criados em igualdade de condições, com as mesmas possibilidades de realizações e crescimento, e, ao lado disso, possuímos a *seiva* da Divindade em nós – *somos lucigênitos* –, podendo, através do nosso esforço pessoal, desenvolver essas aptidões em germe e atingir as possibilidades que encontramos nos outros que, às vezes, invejamos, no bom sentido da palavra. O tema, então, ensejou-nos um trabalho de relativa profundidade, durante sete horas de convívio, divididas em três módulos, nos quais pudemos dialogar sobre as várias técnicas de recuperação exercidas por diversos curadores, não necessariamente espíritas, mas também, e principalmente, as recomendadas pela Doutrina Espírita, na área das Medicinas alternativas, quais a bioenergia, a desobsessão e a transformação moral do indivíduo com vistas ao seu crescimento espiritual.

Terminamos às dezessete e trinta e fomos à casa de Márcia e Daniel, onde ficamos por alguns minutos para depois regressarmos ao hotel.

No dia seguinte, tivemos um contato de confraternização com os membros do grupo que ali fundamos, há seis anos. Ocorreu na *Unitarian Society* – Los Angeles West, em Mar Vista, que é outra pequena cidade da Califórnia, junto a Los Angeles (as cidades que formam a grande Los Angeles misturam-se umas às outras, e os seus limites são mais de caráter administrativo).

A atividade transcorreu no período das quinze às dezenove horas. Desenvolvemos o tema, seguido de um debate, no qual os companheiros apresentaram suas dúvidas, as maiores dificuldades nos estudos doutrinários e na convivência fraternal, como é de hábito na mentalidade americana.

Esses encontros são chamados de *potluck*, por incluir um lanche, no qual a confraternização se faz de maneira espontânea.

Foi muito saudável constatar que a atividade que desenvolvemos ali, há alguns anos, vai crescendo, e o pequeno grupo já é uma realidade.

Trabalhando pela aquisição da sede própria, ainda mantém as reuniões em uma entidade religiosa, que aluga o espaço para várias instituições, a fim de que possam desenvolver suas atividades ali, num lugar muito saudável, com clima psíquico muito bom e com excelentes instalações.

Na segunda-feira, dia 14, a nossa conferência foi no *Holiday Inn* e era para interessados de língua hispânica. Los Angeles é uma cidade essencialmente hispano-

Invitación

Magnífica conferencia por eminente maestro y elocuente orador

DIVALDO P. FRANCO

Lider espiritual
conferencista internacional
famoso por sus logros síquicos
medium y co-autor de 69 libros

Venga
Participe
Disfrute
Momento de enriquecimiento espiritual.
No pierda la oportunidade de fraternizar
y de ampliar sus horizontes.

Patrocinado por:

Allan Kardec Educational Society

14 de Maio, Lunes 8:00pm

CONFERENCIA: EL HOMBRE DELANTE DE SI MISMO

Holiday Inn

1020 S. Figueroa, (near Olympic Blvd.), Los Angeles

Informaciones: 213 7823640 Donacion $5

Las donaciones se usan para cubrir costos de viaje y programacion. Los organizadores trabajan voluntariamente.

-americana. O número de pessoas de fala hispânica é muito grande e o tema seria: *El hombre delante de si mismo* – uma análise da conscientização do homem perante a sua realidade cósmica, ou a sua realidade cósmica perante a sua própria consciência. Após a conferência, houve o debate normal, com o comparecimento de um número bem expressivo de pessoas de língua inglesa, de brasileiros e outros de fala espanhola.

Isso suscitou o ensejo de desenvolvimento do nosso trabalho no grupo, dividido agora em três etapas: uma reunião para brasileiros, outra para americanos e uma terceira para hispano-americanos, assim, portanto, mantendo as atividades doutrinárias da nossa Casa em três idiomas, em dias adredemente reservados para cada um.

No dia 15, realizamos a viagem Los Angeles-Nova Iorque, para atender as atividades programadas na grande urbe. Há uma diferença de quatro horas entre as duas cidades, e, chegando a Nova Iorque, fomos hospedados na residência do casal Celestino e Angelina Scoz, ela, irmã do nosso confrade Dr. Miguel de Jesus Sardano. Residem na periferia de Nova Iorque, numa cidade muito agradável – Mount Vernon. Ali tivemos o primeiro labor, que foi a realização de um *culto evangélico*. Chegamos em hora bastante avançada, mesmo assim, reunimos a família e um pequeno grupo de confrades para as nossas atividades cristãs naquele lar generoso, que tem as suas portas abertas para nós e para a fraternidade.

Na quarta-feira, dia 16, a conferência programada foi realizada no *Instituto de Parapsicologia* da ONU, às treze horas, e o tema foi: *Parapsychology, Allan Kardec, and Spiritism in Brazil.* Não houve acesso ao público externo por ser um local de segurança internacional, mas estavam presentes oitenta e cinco pessoas da própria ONU, e de vários países, inclusive um jovem da Índia que, no ano passado, esteve conosco.

Foi muito confortador constatar que, há três anos, aliás, quando ali estivemos por primeira vez e pronunciamos a conferência, o tema suscitou um debate até acalorado, pois, uma média de 30% das pessoas que participaram da conferência anterior estavam agora presentes, aplaudindo, estimulando o jovem indiano a convidar-nos para que, no próximo ano, ao retornar à ONU, falemos também no *Grupo Sai-Baba*, que funciona ao lado do *Grupo de Investigação Parapsicológica*, com o que anuímos.

O tema foi muito bom, e por mais de uma hora proferimos a palestra, e mais de meia hora após, mantivemos um diálogo, especialmente a respeito da macumba, da umbanda e de problemas paralelos do Mediunismo, do Espiritismo e da Parapsicologia.

Na quinta-feira, dia 17, proferimos a conferência em Washington (DC) sob o tema *Forgiveness: Servining the Bread of Inner-Peace* – (*O dom do esquecimento: Servindo o pão da paz interior*). A mesma teve lugar na *John Hopkins University*, organizada pelo confrade Dr. Francisco Vieira (PhD), de Santa Catarina, que estudou nos Estados Unidos, fazendo curso superior em Administração de Empresas. Tivemos um público excelente, com mais de cem pessoas. A conferência transcorreu em clima muito agradável, com a segura tradução do Dr. João Zério. Encontramos, ali, pessoas muito dedicadas, inclusive um grupo brasileiro que se reúne na residência do gerente do Banco do Brasil. A sua esposa é médium e as reuniões são feitas em português. Aconselhamos que deveriam fazê-las também em inglês, para não bloquear a possibilidade de americanos participarem desse trabalho. Eles ficaram muito comovidos. No dia seguinte, voltamos em trem a Nova Iorque. São três horas de viagem entre Washington e Nova Iorque. Mesmo assim, tivemos tempo para conhecer o monumento a Lincoln, que, pela sua grandiosidade em mármore, desperta grande emoção. Fomos convidados a voltar para realizar um seminário, e o assunto está assinalado para o ano seguinte.

No dia 18, sexta-feira, falamos em Nova Iorque, no bairro do *Bronx*, em espanhol, sob o tema *El Propósito de Tu Vida*, na *Escuela de Consejo Moral*, que é um movimento iniciado em Porto Rico e que tem várias escolas, inclusive uma em Chicago, e, no seu país de origem, em *San Juan*, e em diversas outras cidades. Tivemos uma média de trezentas pessoas presentes.

No dia imediato, sábado, realizamos um seminário no *Templo Espírita San José*, em Nova Jersey, em espanhol, sob o tema *El Hombre delante de si mismo*, com início às dez, prolongando-se até as dezessete horas, com cento e vinte pessoas inscritas. Desenvolvemos o tema com a profundidade possível, e tivemos um convívio muito agradável, doutrinariamente muito positivo, no que concerne à divulgação do Espiritismo.

No domingo, dia 20, utilizando o salão da *Escuela de Consejo Moral*, foi realizado *Um Encontro com Divaldo Franco* – e abordamos o tema *El Centro Espírita – Tareas para la Nueva Década*, em espanhol, das catorze até as dezessete horas. O resultado foi excelente, porque compareceram sete instituições espíritas, quando estudamos a possibilidade de um *Encuentro* previsto para maio de 1991, em que todos participarão com o objetivo essencial de divulgar a Doutrina e de trabalhar em favor do crescimento do Movimento Espírita na América. Já estamos com as datas mais ou menos previstas para depois do dia cinco de maio, e convidaremos algumas pessoas do Canadá, como os Doutores Marilyn e o Bispo Rossner, e outros, para maior motivação dos convidados ao certame. Todos ficaram entusiasmados, e, a este tempo, é de esperar-se que o programa esteja sendo delineado.[3]

No dia 21, segunda-feira, a conferência teve lugar na *Community Church of Nova Iorque*. É uma igreja pentecostal que aluga o salão para atos culturais e religiosos. Já é a terceira vez que voltamos a essa igreja. O tema foi *El Perdón y la Ciencia de vivir*. Desejo assinalar que, nessas conferências, foram vendidos mais de quinhentos livros espíritas, o que constitui um verdadeiro recorde: obras de Allan Kardec, obras mediúnicas nossas, de Chico Xavier e de outros autores, o que deixa um saldo muito positivo. Tivemos uma média de duzentas a duzentas e dez pessoas. Essa atividade foi organizada pelo confrade Marcelo de Almeida.

Na terça-feira, dia 22, retornamos à igreja do dia anterior para a conferência final, também em espanhol, tendo como tema *Allan Kardec, Apóstolo de la Renovación Del Hombre*. O público foi maior, e fizemos o lançamento internacional do nosso livro em espanhol, *Hacia las Estrellas*. (Esse livro foi psicografado em vários países de fala hispânica, enquanto viajávamos, e publicado

[3] *O Primer Encuentro Espírita 1991* teve lugar em Nova Iorque, no mês de maio desse ano (nota da Editora).

agora. Nilson veio do Brasil e se encontrou comigo no domingo, trazendo os cem exemplares que foram vendidos no dia do seu lançamento.)

Isto demonstra o interesse que vai sendo suscitado pela mensagem espírita. *Hacia las Estrellas* foi ditado por diversos Espíritos de países diferentes: Cristóforo Postiglioni, Humberto Mariotti, Cosme Marino, da Argentina; Amália Domingo Soler, Jose Maria Colavida e outros de Espanha; Pedro Alvarez y Gasca, do México, e mais dois ou três Espíritos-espíritas mexicanos, inclusive um antigo Presidente da República, Madero, que era espírita militante. Também uma entidade da Guatemala, o jovem Bruno Hermelindo Bravo Garcia. O livro está sendo traduzido ao português, e, em breve, sairá em nosso idioma.[4] É surpreendente, porque, segundo nos parece, é a primeira obra mediúnica escrita num idioma, que não o do médium, depois traduzida na língua do medianeiro.

3.2 Tropeços à ascensão

Contemplas o mundo objetivo com os seus fascínios e atrações, experimentando singular sensação conflitiva ante as esperanças e consolações que te acena o Reino dos Céus.

Parece-te remota a consolidação do ideal do Espírito eterno, que te abrasa, ao qual anelarias por oferecer-te em caráter de totalidade.

O mundo, em si mesmo, é potente, rico de ilusões e possuidor de um estranho domínio que esmaga.

[4] O livro chama-se *Rumo às Estrelas* e já está publicado em português (nota da Editora).

Herdeiro dos atavismos animais, ainda vivendo as experiências primitivas, mais facilmente te vinculas aos fenômenos que ferem os sentidos, como é natural.

Diante de tal conjuntura, desdobram-se as paisagens da Terra, com tropeços para todos aqueles que pretendem alcançar as cumeadas da libertação.

De um lado, são os instintos agressivos, os anseios do prazer, o predomínio do egoísmo, as vinculações com os erros anteriores.

De outra forma, são as facilidades, os convites da ilusão, favorecendo a parada nas paisagens do encantamento.

Aqui, é o corpo que requer cuidados e impõe o campeonato da insensatez, desviando a atenção dos valores eternos do Espírito.

Ali, são as honrarias transitórias, que brilham por um dia, propondo destaque, alegrias, que favorecem com as possibilidades de maior gozo e mais amplas regalias.

Mais adiante, são os favores da fortuna, que facultam as peculiaridades caprichosas do prazer e das imposições arbitrárias que prevalecem entre as criaturas.

Não faltam tropeços à ascensão.

Amigos que desertam e deixam sarçal ardente e espinheiral cruel pelo caminho...

Afetos que se transfere de lugar, assinalando as recordações com acrimônia e pesar...

Companheiros que se erguem para acusar e ferir, deixando que o coração sangre sem um penso que lhe diminua as dores...

Surgem momentos de desencanto e repontam horas de amargura, assinalando as facetas do desânimo, em convite insistente ao abandono dos compromissos assumidos... Todavia, sem tropeços à ascensão, nenhum mérito existe no empreendimento iluminativo.

O Apóstolo Paulo, por exemplo, sofreu o abandono da família, o desprezo do pai e a suspeita dos servidores da Boa-nova, quando empreendeu a marcha de ascensão.

Agostinho padeceu tormentos incontáveis, quando abandonou o maniqueísmo *e abraçou a fé libertadora, seguindo os passos de Jesus.*

Francisco de Assis pagou o preço da desonra no próprio lar, acusado pelo genitor, ridicularizado pelos amigos, ao preferir a existência de fidelidade a Jesus.

Tereza de Ávila experimentou a perseguição da abadessa na intimidade conventual, obrigada a lavar o piso sob o açodar de dores artríticas terríveis, ao começar a sua ascese mística.

Gandhi viveu entre o cárcere e a suspeita dos poderosos, ao entregar-se ao crescimento íntimo de plenitude.

... A ascensão é árdua e o processo de conquista é desafiador.

Não te iludas com o fogo-fátuo das glórias terrestres.

Foste convidado à ascensão para esparzires nas sombras do mundo as claridades luminíferas do Reino dos Céus.

Resiste aos apelos que te chegam e persevera no ideal da conquista dos Altos cimos.

O corpo logo passa e como chama formosa em breve se apaga por falta de combustível.

A cada percalço, diante de qualquer tropeço que superes, mais próxima estará a tua libertação.

Ascende com esforço, e, amando, vence-te, superando todos os impedimentos, e te darás conta de que o reino já está implantado no teu coração e na tua vida.

Joanna de Ângelis
(Los Angeles, CA, USA, 11 de maio de 1990).

3.3 O ser humano é o mesmo em toda parte

A serviço da Doutrina Espírita, Divaldo Franco tem percorrido cinquenta e um países e quase trezentas cidades, sem incluir as do Brasil. Essas sucessivas viagens e a possibilidade de estar em contato com plateias numerosas ou não, cujo público se mostra ávido de conhecimentos em qualquer recanto do mundo, têm-lhe proporcionado o ensejo de uma avaliação segura a respeito da gama de sentimentos que move as criaturas humanas.

Por que estariam ali aquelas pessoas? Por que se esforçam para chegar, vencendo todos os obstáculos, mesmo sem conhecer o que seja o Espiritismo e a pessoa de Divaldo Franco? Qual o interesse comum de todas elas? Que sentimentos as impulsionam? O que buscam afinal?

Divaldo sabe as respostas a todos esses questionamentos. Sabe, por larga experiência, que a busca comum a todos os que acorrem às suas conferências é sempre a mesma: o anseio de conquistar o amor, de serem felizes, de terem paz. Esse anseio se torna uma busca constante e configura, ainda, uma ânsia de espiritualidade, pois, todos já entenderam que a solução não se encontra nas coisas mundanas, temporárias, impermanentes. Divaldo lhes acena com um mundo novo, uma proposta nova, consubstanciada na Doutrina Espírita, que ele magistralmente divulga.

Porém, existe algo mais que impulsiona essas criaturas e faz parte da vivência humana: a dor.

Em qualquer circunstância a dor se faz presente e aturde o homem, que não entende o porquê do sofrimento e a melhor maneira de superá-lo ou de evitá-lo.

Então o público acorre e aumenta a cada retorno do orador baiano. Os idiomas são variados, num país e noutro. Os costumes locais são bem diversos dos nossos, do jeito de ser dos brasileiros. O nível socioeconômico difere, mas o ser humano é o mesmo. Por isto vai ao encontro de Divaldo. Há um tradutor, quando ele não domina o idioma local. E, ao final de cada conferência, a mesma alegria de sempre invade os corações. Há uma nova luz em cada fisionomia, e a esperança brilha nos olhos que o acompanharam durante toda a sua exposição. Porque Divaldo fala o *idioma universal do amor* que tão bem a Doutrina apresenta. Por isto se faz compreendido por todos. E alcança exatamente o coração sofrido e expectante de quantos o assistem, em qualquer parte.

Esses resultados evidenciam o quanto é importante que mais e mais vozes se pronunciem, de forma segura e fiel, levando a mensagem do Espiritismo, para que essa onda avassaladora de detritos morais que tenta embrutecer os homens seja contida, e, em seu lugar, resplandeçam os ensinamentos luminosos de que ele se faz portador.

Divaldo faz algumas considerações iniciais e em seguida começa a narrar o que foi mais essa jornada de pregação doutrinária, realizada, na etapa europeia, em companhia de Nilson Pereira.

No dia 11 de maio, seu primeiro dia de atividades em Los Angeles, a mentora Joanna de Ângelis ditou-lhe a mensagem *Tropeços à Ascensão*. O sugestivo título reflete bem o que ocorre na vida hodierna, quando o indivíduo se propõe a ascender.

A todo momento tropeçamos nos mais diversos obstáculos, quase sempre disfarçados em paisagens e aparências que despertam o prazer, a alegria, as ilusões. São as glórias terrestres, que, comumente, se apresentam aos nossos sentidos como dignas de ser alcançadas, e, por elas, às vezes, precisamos empenhar toda uma vida.

Tropeços, porém, existem, que assumem outras facetas: os percalços, as dificuldades que surgem em forma de desencanto, de pequenas tragédias ocasionadas pelas traições de quem se supunha amigo, pelas calúnias e acusações ferinas, pela deserção de afetos. E o candidato à ascensão receia tombar atingido pela dor, pela desesperança, quando não deserta de vez, perdendo, então, o ensejo de romper com as estruturas do passado infeliz.

Resistir sempre – aconselha Joanna. E perseverar. Até que o *Reino do Céu* esteja implantado em nosso coração e em nossa vida.

3.4 Através do telhado

Certo homem de Cafarnaum, que jazia num leito, paralítico, soube que Jesus estava em casa de Simão Pedro. Já ouvira falar d'Ele. Sabia que realizava curas, milagres, que atendia e socorria os enfermos, os pobres, a todos que O procuravam. Tomou-se de coragem e decidiu que iria, ele também, buscar a cura através daquele profeta que todos diziam ser diferente.

Para isso, pediu ajuda a quatro pessoas, homens fortes e prestativos, a fim de que o carregassem até o local onde Ele estava. Ao se aproximarem da casa, notaram que uma multidão se aglomerava diante dela, bloqueando a porta. Todos estavam ali com os mesmos propósitos, e ninguém cederia o lugar ou abriria passagem.

Não havia como chegar até Jesus.

Tomados de súbita inspiração, os quatro companheiros deliberaram fazer com que o paralítico entrasse na casa pelo telhado.

Assim pensaram e assim agiram.

Abriram o telhado e, com esforço, baixaram o leito do enfermo exatamente diante d'Ele.

Jesus, vendo-lhes a fé, disse ao paralítico: – *Filho, perdoados estão os teus pecados*

Os que estavam ao redor, escribas e outros estranhos ao grupo, assistindo a cena, começaram a murmurar, quem seria aquele que blasfemava dizendo-se capaz de perdoar os pecados. O Rabi, conhecendo-lhes o pensamento, indagou: – *Qual é mais fácil? Dizer que os pecados estão perdoados ou dizer-lhe: Levanta-te e toma o teu leito e anda?*

E para que soubessem quem era, dirige-se ao paralítico e ordena-lhe: – *Levanta-te, toma o teu leito e vai para casa* (Marcos, 2:1 a 12).

O paralítico que desceu pelo telhado é bem o símbolo do encontro do ser humano com o Cristo.

A paralisia pelos erros e vícios, que imobilizam a alma, torna a criatura enferma e distanciada da luz.

Moralmente atrofiado, o homem se detém e não mais consegue andar. Torna-se paralítico e jaz na imobilidade de sua própria incúria e insensatez, no leito da inutilidade.

Assim permanece, enquanto dura o tempo da iniquidade.

Um dia, porém, ouve falar de alguém diferente. Tem notícias que lhe sensibilizam o coração. Está cansado e angustiado, e descobre que esse alguém é Jesus.

Mas como chegar até Ele? Como levantar-se e andar, vencer a distância?

Observando-lhe os anseios de transformação, o Pai do Céu coloca, nos passos desse ser humano, pessoas que lhe mostrarão o caminho e irão ajudar, tal como os quatro da passagem evangélica.

Todavia, quando alguém pretende ir ao encontro do Cristo, dificuldades, tropeços e obstáculos surgem à sua frente.

A multidão bloqueava a porta.

A multidão dos erros, a sementeira do passado – hoje colheita dolorosa – são bloqueios que a própria criatura coloca através do tempo.

Quando alguém quer ir até Jesus, começa a perceber o quanto é difícil.

Não posso deixar isso ou aquilo. Não consigo, não tenho forças.

O homem decidido, contudo, persevera e prossegue.

Se as vias habituais, corriqueiras, estão bloqueadas, é preciso encontrar o próprio caminho.

É preciso abrir o *telhado* da própria alma. Quebrar o *telhado* do egoísmo, dos vícios, e deixar que a luz do Mais-alto desfaça as sombras.

É nessa hora que O encontramos.

Quebradas estão as resistências inferiores, e diante d'Ele nos apresentamos.

Longa foi a viagem. Ele não se admira e nem pergunta como chegamos. O importante é ter chegado. É estar ali. O *agora* que se faz definitivo e se projetará para o futuro.

Ele afirma que, a partir daquele momento, todo pecado, todo passado foi vencido, perdoado.

Há testemunhas ao redor. E se espantam. Porque também estão em leitos de paralisia. E vendo, não enxergam. Insensíveis, não se dão conta. O Mestre conhece-as e transmite a lição inolvidável:

– *Levanta, toma teu leito e anda, porque teus pecados estão perdoados.*

O homem que veio pelo telhado sai, caminhando pelos próprios pés, pela porta.

– *Eu sou a porta* – Ele também dissera um dia.

– *Quem encontrou o Cristo, jamais O esquecerá* – afirma Joanna de Ângelis.

Divaldo na ONU, em Nova Iorque (EUA).

Divaldo falando na *Escuela de Consejo Moral* de Puerto Rico, Inc. (Bronx, Nova Iorque, EUA).

Divaldo, D. Adelina Vaz e Nilson na ONU, em Nova Iorque (EUA).

Divaldo e a Drª Mg. Gertrud Mayerholfer, tradutora para alemão (Viena, Áustria).

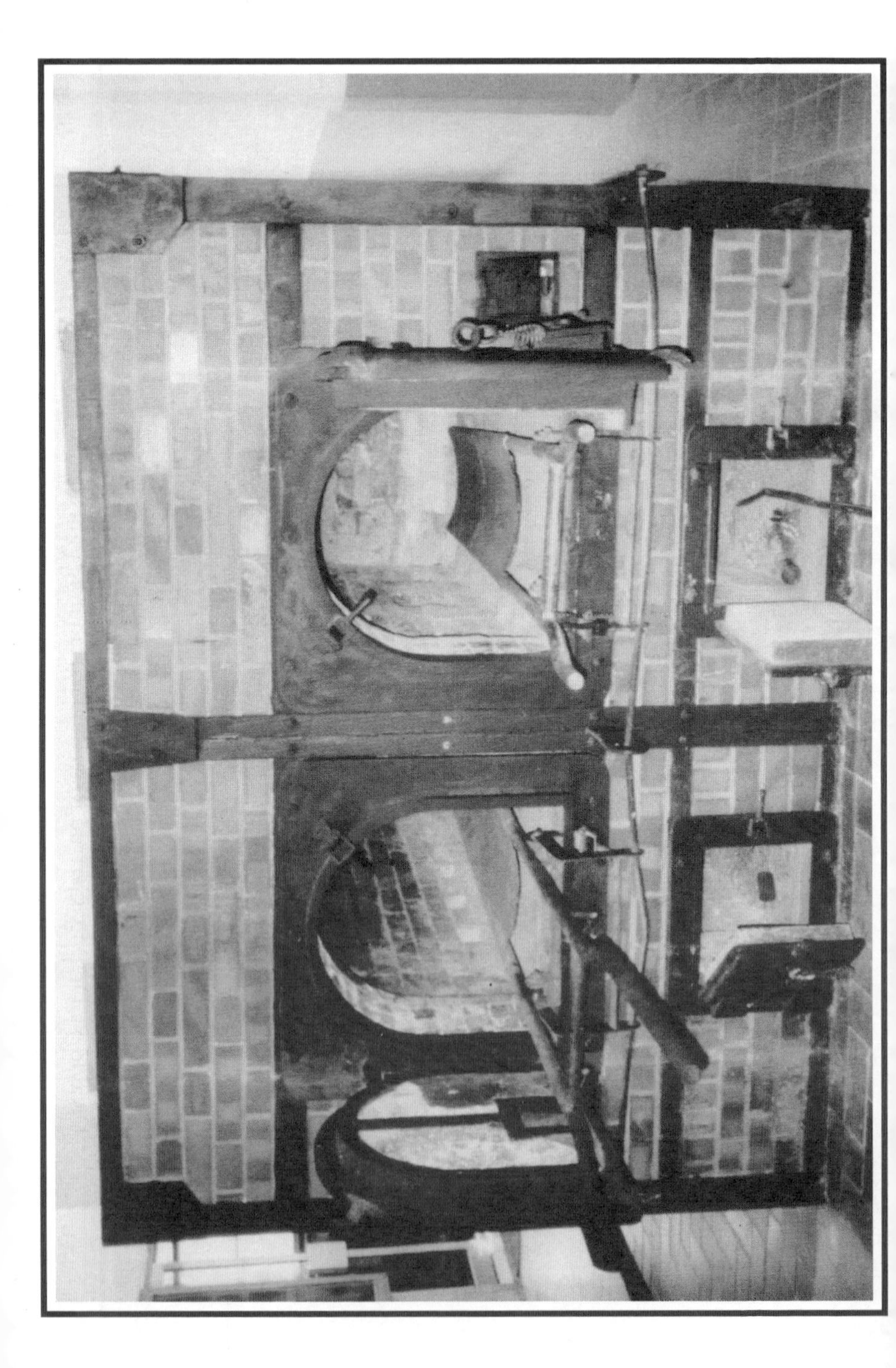

Divaldo psicografando a mensagem de Joanna de Ângelis no campo de concentração em Mauthausen (Áustria).

Gaskammer

Divaldo em Praga, vendo-se ao fundo a estátua de Jan Hus
(República Tcheca).

Divaldo e a tradutora, Srª. Andréa Ribarová (Praga, Republica Tcheca).

Divaldo, Joseph Jackulach e a tradutora, D. Helena Gozmanová (Bino, República Tcheca).

4
Zurique – Viena – Praga

No dia 23 viajamos com destino a Viena, mas antes, para o seminário em Zurique, na Suíça. Nilson foi comigo, procedente do Brasil.

Era uma quarta-feira, a viagem muito longa, voo noturno.

Chegamos a Zurique e fomos recepcionados pelo nosso querido amigo, o arquiteto André Studer, que mantém o movimento G-19. É uma fundação que tem o objetivo de unir as criaturas do mundo em torno dos grandes ideais da cultura, da solidariedade e do espiritualismo. Nessa entidade já falaram convidados especiais de várias partes do mundo, e ocorrem seminários, em média, duas a três vezes ao mês. Foi a terceira vez que retornamos àquela cidade para a realização de um sob nossa responsabilidade.

O arquiteto André havia feito uma publicação, como é normal, que traduzida diz:

"G-19 convida os senhores para dois encontros com Divaldo Franco, do Brasil. Tradução para o alemão. Palestra.

Tema: fenômenos parapsicológicos e mediúnicos – teoria e prática

Onde: No G-19

Quando: Sexta-feira, 26 de março de 1990, às 20:00h

Custo: Doação espontânea em benefício das crianças assistidas por Divaldo.

Comentários: Amável e com muita humildade, narra-nos Divaldo a sua larga experiência mediúnica, especialmente seus contatos com seres do mundo do além, que dividem muitas informações. Estes nos podem ajudar a darmos um passo a mais de volta à nossa origem, entendendo o futuro e, quem sabe, dando-nos o porquê da nossa existência. E, aos interessados, Divaldo coloca-se à disposição para perguntas.

Para o Seminário:

Seminário de final de semana

Tema: técnicas psicológicas do autoconhecimento pessoal – estudos teóricos e tentativas práticas, vídeos e exemplos.

Onde: G-19

Quando: Sábado e Domingo – 27 e 28 de maio de 1990

Horário: das 10:00h às 16:30h

Custos: 240 francos (Parceiros e estudantes – 200 frs.)

Desenvolvimento do seminário: Experiências e treinos serão possíveis neste seminário sobre mapas de pensamento, sensações e estruturas emocionais, bem como da influência positiva ou negativa sobre o corpo físico. Como posso controlá-las; como posso corrigi-las;

G - 19 lädt Sie ein zu zwei Anlässen mit

DIVALDO FRANCO, Brasilien

PARAPSYCHOLOGISCHE UND MEDIUMISTISCHE PHAENOMENE

Theorien + Praktiken
Vortrag. Portugiesisch/deutsch

In seiner humorvoll liebenswürdigen Art erzählt uns DIVALDO aus seinem an medialen Erfahrungen reichen Leben, insbesondere auch aus seiner Verbindung mit Wesenheiten aus der `jenseitigen´ Welt, die ihm viele Informationen zukommen lässt. Diese sind geeignet, auch uns einen Schritt weiterzubringen im Wissen über unser Woher? und Wohin?. Vielleicht geht uns auch ein wenig das Warum ? unseres Hier- und Soseins auf. Anschliessend an den Vortrag steht DIVALDO auch für Fragen aus dem Besucherkreis zur Verfügung.

Wo? Saal der G - 19
Gemeindestr. 19 UG
8032 Zürich 7

Wann? Fr 26.Mai 1990 20 h

Kosten: Freiwilliger Beitrag zugunsten der von DIVALDO betreuten Waisenhäuser

Anmeldung mit Talon oder Tel. erwünscht. Tragen Sie den Termin in Ihrer Agenda ein!

KURS J

PSYCHOLOGISCHE TECHNIKEN PERSOENLICHER SELBST - ENTDECKUNG.

Wochenend-Workshop mit theoretischen Studien und praktischen Versuchen.
Video-Cassetten-Beispiele.

Ein Lehr- Erfahrungs- und Trainings-Wochenend-Workshop zur Gewinnung von Einsichten in die Zusammenhänge zwischen unseren Gedankenmustern und Empfindungs- und emotionalen Strukturen sowie deren Einfluss auf unser leibliches Wohl- (oder Unwohl-) befinden. Wie bekomme ich sie `in den Griff´ ? Wie kann ich sie korrigieren? Wie findet mein Wesens-Ich in seine ursprüngliche und ihm gemässe universale Ordnung zurück, Voraussetzung für ein stabiles harmonisches Verhältnis auch mit meinem DU,
Es gibt kein Gesetz, das dich zu Leiden und Hölle verdammt. Du trägst den Himmel als Möglichkeit in deinem Herzen.

Wo? Saal der G - 19
Gemeindestr.19 UG
8032 Zürich 7
(Tram 3 & 8 Hottingerpl.)

Wann? Sa/So 27/28.Mai 1990
10-16.30 h
Picnic im Saal möglich

Kosten: Fr. 240.-
(Lebenspartner und Studenten-Legi 200.-)

Portugiesisch, deutsch übers.

Das hohe Ideal, dem DIVALDO sein ganzes Leben widmet, seine Sorge um die vielen verwahrlosten Kinder und Jugendlichen seines Landes, verdienen unser aller Achtung und Unterstützung. Animieren Sie deshalb auch Ihre Freunde mitzukommen.

Bitte senden Sie den Anmeldetalon baldigst an und tragen Sie den Kurs in Ihrer Agenda ein — G - 19 / A + T Studer-Spoerry, Meisenrain 29, 8044 Gockhausen

bei gleichzeitiger Anzahlung - mit Kursangabe — von Fr.50.- auf PC 80-10539-4

Rückmeldung erfolgt nur bei Kursabsage oder -änderung....deshalb nicht vergessen!

ANMELDUNG

zum Vortrag PARAPSYCHOLOGISCHE + MEDIUMISTISCHE PHAENOMENE 26.5.1990 O

zum Workshop PSYCHOLOGISCHE TECHNIKEN PERSOENLICHER SELBST - ENTDECKUNG 27/28.5.90 O

NAME (Druckbuchstaben)________________________ TEL__________

ADRESSE (Druckbuchst.)________________________ DAT__________ como posso encontrar o meu *eu* na sua origem e ordem universal pregressa. Condição básica para estabilidade e harmonia do meu *eu* presente. Não existe nenhuma lei que nos condene ao sofrimento e inferno; nós trazemos o céu, como possibilidade, no coração. O elevado ideal, com o qual Divaldo dedica sua vida a muitas crianças e jovens abandonados em seu país, merece-nos toda atenção, respeito e apoio. Por isso, convidemos os amigos para que participem.

Comentários: Divaldo Franco, que, para nós, se tornou um amigo querido pelo seu trabalho sem fronteiras dedicado à juventude desamparada do Brasil, merece nossa admiração. À sua volta, nota-se a presença indescritível de uma aura de paz e clareza. Os participantes do último seminário ainda podem lembrar-se das emanações de perfume que, por horas, preencheram o salão enquanto Divaldo falava.

(Referindo-se à taxa da inscrição, Divaldo comenta: Isto é muito usual em toda a Europa e na América do Norte, para fazer em face das despesas. Os convidados, normalmente, cobram. São personalidades da área da *new age*, do espiritualismo e da ciência. Como, em nosso caso, tudo fazemos absolutamente grátis, André e Senhora, que se tomaram de carinho pela *Mansão do Caminho*, desde o ano passado – tiradas as despesas – oferecem, como donativo à *Mansão*, o resultado dos ingressos.)

Da cidade de Colônia, na Alemanha, chegaram Túlio Rodrigues e um grupo, para participar da Conferência e do seminário que se iniciavam na sexta-feira, dia 26: uma polonesa (falando francês), três alemães, uma italiana e o próprio Túlio. Como o seminário era em alemão, os nacionais podiam acompanhar perfeitamente a tradução; a italiana falava também o alemão, mas a polonesa *só* falava polaco, russo e francês, e Túlio ficou traduzindo para ela. Durante o seminário, André Studer traduziu-lhe um dia, no outro, uma outra jovem o fez para que pudesse acompanhar todo o trabalho.

A conferência teve a tradução da Sr.ª Edith Burklard, que já houvera feito, há dois anos, e resultou admirável, contribuindo para o êxito do cometimento.

Fizemos uma análise dos fenômenos mediúnicos e da Doutrina Espírita, e suas implicações morais em nossas vidas. Ao término houve muitas perguntas, denotando um profundo interesse dos participantes.

No dia seguinte, sábado, o seminário ainda foi traduzido por Edith, uma excelente intérprete.

Abordamos o tema, fazendo, primeiro, uma análise dos estados interiores do sofrimento, conforme o Budismo; logo depois, um estudo da dor, conforme as doutrinas que pregam a unicidade da existência física, o *Deus* vingador, que castiga; por fim, um cuidadoso exame à luz do Espiritismo, um estudo das suas causas e das técnicas para erradicá-lo, liberando-se dele. Exaltamos a figura de Allan Kardec, com sua sabedoria, e detivemos nossa reflexão nas *Leis Morais* que constituem a Terceira parte de *O Livro dos Espíritos*. Tivemos os intervalos tradicionais. Fizemos, ainda, uma meditação, para que as pessoas se sentissem renovadas. Recebemos muitas perguntas, que foram respondidas. No momento do encerramento, durante a meditação, uma onda de perfume e de éter invadiu toda a sala, levando-nos, todos, às lágrimas.

EINLADUNG

Veranstalter:
Spiritistische Gruppe Allan Kardec
Siebenbrunnengasse 46/2/13
1050 Wien

Divaldo Franco ist ein außergewöhnlicher, weltweit bekannter metaphysischer Lehrer.

In 41 Jahren hat er in 35 Ländern in über 1000 Städten gelehrt, in 69 TV- und 160 Radiostudios gesprochen und Vorträge gehalten. Als eines der bekanntesten Schreibmedien Brasiliens hat er über 90 Bücher veröffentlicht, die ihm von bereits verstorbenen Autoren in die Hand diktiert wurden.

Er wird das zweite Mal bei uns in Österreich sprechen. Trotz seiner enormen öffentlichen Tätigkeit ist Divaldo der einfache, herzliche Mann geblieben, der er immer war. Divaldo hat sein Leben zwei Hauptanliegen geweiht: einerseits jenseitigen Intelligenzen als psychische Brücke zu dienen bei der Übermittlung von Mitteilungen - seine Bücher sind alle von solchen diktiert - andererseits sich um Fürsorge und Unterkunft für verlassene Kinder zu sorgen - inzwischen sind es an die 2000 Kinder, für deren Betreuung und Unterricht in Kindergärten, Schulen und Lehrwerkstätten er durch eine von ihm gegründete Stiftung aufkommt.

VORTRAG ÜBER PARAPSYCHOLOGIE UND SPIRITISMUS

DIVALDO FRANCO

<u>VORTRAGSTHEMEN:</u>

1. **"DER TOD ALS ENDSTATION ?"**
-Ist der Dialog mit den Verstorbenen möglich?
-Antworten auf die Fragen nach dem Sinn unseres Dasein.
Mit deutscher Übersetzung
am **30. Mai** um **19.30** Uhr

Dr. Rudolf Kirchschläger-Studentenheim
Schelleingasse 36
1040 Wien

2. **"DAS UNSTERBLICHE BEWUSSTSEIN"**
-Reinkarnation und Erinnerung an ein früheres Leben.
Mit deutscher Übersetzung
am **31. Mai** um **17.30** Uhr

Alpha Club
Stubenbastei 12/14
1010 Wien

EINTRITT FREI

Wir bedanken uns bei allen Mitwirkenden

A meditação que fizemos era uma tentativa de clarividência, porque o tema propunha alguma prática mediúnica (anímica).

Há uma técnica para entrar em contato clarividente e clariaudiente com o guia espiritual. As pessoas sentam-se próximas, defronte uma da outra, e um se concentra no parceiro com todo o amor, tentando receber alguma mensagem do mentor do outro, psiquicamente. Por cinco minutos, busca penetrar no psiquismo da Entidade e registrar-lhe a onda mental. Depois para, e o outro passa a concentrar-se no orientador espiritual daquele que lhe está defronte. Terminada a tentativa, durante cinco minutos cada um diz ao outro aquilo que haja logrado. Certamente não se consegue muito êxito, como é natural da primeira vez. Mas é uma experiência muito positiva.

Depois se pode fazer outra experiência. Aproxima-se a cadeira, segura-se na mão do outro, e, por cinco minutos, tenta-se transferir-lhe bioenergia, como se fosse um passe de emissão direta, mais demorado. Um transmite para o outro, que se torna receptivo, aberto, procurando captar a energia que lhe será saudável. Cinco minutos depois é feita a experiência oposta: o primeiro, que recebeu, passa a transmitir, e, terminando a exposição, narram, um para o outro, o que realmente sentiram.

Houve um intervalo para o almoço, e, logo após, voltamos ao tema.

O temário é muito atraente e apresentamos alguns filmes de cirurgias mediúnicas, no Brasil, com grande impacto para o público. Falamos depois sobre os estados de consciência, para melhor ajudar no registro dos fenômenos mediúnicos, e dialogamos, demonstrando que, na cirurgia mediúnica, não é compulsória a necessidade de cortar o corpo, porque, normalmente, as cirurgias se realizam no perispírito, sede dos fenômenos que ocasionam a doença, quando há fatores cármicos e mesmo necessidade evolutiva. Os Espíritos, no entanto, assim o fazem, para poderem permitir a documentação: fotografias, gravação em videocassete, filmagem, etc.

Prosseguindo o seminário, tivemos um contato mais demorado, houve perguntas e respostas, e depois fizemos a meditação, para que nos lembrássemos de um momento muito infeliz a fim de o tirarmos do nosso inconsciente – uma terapia psicológica, uma forma de catarse psicanalítica para libertar o inconsciente de marcas dolorosas. Algumas pessoas voltam àquele momento e comovem-se até as lágrimas. Depois de digerir a mágoa, o ressentimento, o rancor ou o ódio, ou o drama, em uma indução orientadora que proporcionamos, fazemos uma pausa e, agora, levamos a pessoa a um momento feliz, para que volte a vivê-lo intensamente. Explicamos a técnica e, depois de pessoalmente reviver esse momento de intensa felicidade, passamos à parte terminal do seminário.

Desejo referir-me que abrimos e encerramos os seminários com uma oração. No primeiro dia, pedimos a André que fizesse uma prece. No segundo dia, pedimos a outro membro, e todos, com muita unção, participaram desse momento de ligação com o Mundo espiritual superior.

Encerramos o seminário num clima de muita emotividade. A tradutora de domingo foi a Sr.ª Adelheid Burch, que já me havia auxiliado no ano passado. Ela é especialista em curas a distância, em cromoterapia, e se comoveu demoradamente.

No primeiro dia também fizemos um exercício, no qual, a pessoa mergulha o pensamento em cores positivas – uma terapêutica que vem sendo desenvolvida nos Estados Unidos, no Arizona, onde há um grupo especializado nessa experiência. É uma terapia muito interessante, porque o objetivo é levar o ser a captar vibrações positivas, irrigando o organismo, assim, liberando-se das marcas negativas. É uma terapia endereçada ao perispírito, na qual, a energia, que está presente em todos nós, deve ser canalizada pela mente positiva através de cores, com o objetivo de limpar os canais que estão bloqueados pelos dramas, pelas paixões, pelas dificuldades do relacionamento, pelos conflitos advindos de reminiscências de outras encarnações...

Os resultados foram saudáveis e todos ficaram muito felizes.

No dia seguinte, viajamos, Nilson e eu, com Jürgen e Túlio, de automóvel, a Viena.

É uma viagem larga, gastamos quase nove horas, mas muito agradável. A paisagem encantadora da Suíça, depois o Tirol, nos Alpes, de uma beleza indescritível. Chegamos a Viena já às dezenove e trinta, sendo esperados por Josef Jackulak, um rapaz tcheco, em cujo apartamento ficamos no ano passado. Ele saiu do apartamento para no-lo ceder, proporcionando-nos momentos de muita felicidade e demonstrando grande renúncia.

Nessa noite, por motivos compreensíveis, não tivemos atividades.

No dia seguinte nos reunimos – em Viena – para a conferência. O tema foi: *A morte destrói a Vida? É possível o diálogo entre os homens e os mortos? Como realizar esse diálogo?*

Na apresentação do programa, anunciava-se um tema sobre Parapsicologia e Espiritismo. A conferência teve lugar no Kirchschläger-Stutenhein, em Viena, e compareceram mais de setenta pessoas.

No dia seguinte, 31 de maio, voltamos ao *Alpha Clube* – digo retornamos, porque no ano passado foi ali que falamos. O tema: *Reencarnação – uma demonstração de Amor*. Tive a tradução extraordinária da mesma senhora do ano passado, Gertrud Meinhoff. Houve muitas perguntas e um caso muito curioso. No primeiro dia compareceu um muçulmano, jovem, que não aceitava a comunicação dos *mortos*. Conversamos e, no dia imediato, ele se apresentou com o pastor da sua igreja, um sacerdote que tem o nome especial. Conversamos um pouco, e o resultado foi muito positivo. Desenvolvemos a nossa tese e, terminado o labor, fomos à casa de Edith com o grupo brasileiro para termos um encontro espiritual e podermos meditar e viver espiritualmente, na grande Viena, junto à cidade de Kulln. Tivemos horas muito agradáveis.

O grupo que Josef dirige está indo muito bem, embora com reduzido número de pessoas.

4.1 Inspiração de Deus

Quem os *veja, exuberantes na aparência, traindo o conforto e mesmo o luxo que desfrutam, crê-los-á felizes, de bem com a vida e a ela reconhecidos.*

As suas casas de espetáculos e bibliotecas, palácios e laboratórios, bancos e empresas outras anunciam prospe-

ridade cultural, tecnológica e econômica, demonstrando o alto nível que já atingiram.

Desfilam no mundo, na condição de detentores da felicidade, usufruindo os prazeres máximos que o dinheiro e o privilégio social podem proporcionar.

Tornam-se invejados, cercados por verdadeiras cortes de bajuladores, passando de uma para outra experiência de prazer sob o açodar de paixões insaciáveis.

Outros, que não atingiram os altos escalões do mundo, mas que se apresentam bafejados pelas dádivas do conforto, retiram das regalias a maior parte como se tudo corresse muito bem.

A *felicidade real, eles não a possuem.*

Trocaram-na pelo fausto e pela ilusão.

Confundiram-na com a posse que escraviza em cárceres dourados, todavia, sombrios.

Alguns permutariam os haveres pelo tesouro da paz, pela companhia de um afeto desinteressado, pela certeza de possuírem um amigo verdadeiro.

Um grande número deles perdeu a fé e tem em Deus uma forma de extravagância social-religiosa, para momentos adrede programados.

Alguns creem n'Ele com sinceridade, no entanto, perderam-lhe o contato e sentem-se desnorteados.

As preocupações pela conquista do mundo e das suas efêmeras quinquilharias os distanciaram dos hábitos salutares da oração e da meditação sobre as questões espirituais.

Por isto as evitam.

Receiam ter que optar e sabem que estas últimas são as únicas portadoras dos elementos essenciais à vida.

Definirem-se por elas, trar-lhes-ia muitos danos, *no festival da insensatez.*

Assim fazem-se hostis, irônicos, demonstrando a desnecessidade da fé religiosa.

Fingem-se equipados de segurança, embora domiciliados no frágil corpo físico, que não sabem comandar e raramente o conduzem com o necessário discernimento.

Fugindo à realidade gargalham, esses irmãos equivocados, produzindo algazarra, porque receiam o silêncio que permite a lucidez da consciência.

Toda bulha que fazem tem como objetivo esconder os conflitos nos quais se debatem.

É reduzido o número de pessoas que sabem rir, que experimentam júbilo, alegria íntima.

O normal são os acontecimentos ruidosos, que provocam a competição do exótico, cujas conversações ninguém ouve e diante de companhias onde todos se sentem solitários.

A presença de tais indivíduos aturde, chama a atenção.

Quando não estão participando das festas, são notados pela falta de ruído no ambiente. E por esta razão, sempre são convidados. Eles distraem os outros, movimentam os outros, enchem as salas... E vivem vazios com a sua solidão.

Olha-os bem e confronta-os com as tuas aspirações de alegria e paz.

Tenta descobrir-lhe as necessidades e acerca-te para os ajudar.

Necessitam de Jesus, e o Espiritismo possui a solução para os problemas deles.

Fala-lhes da vida depois da vida, da reencarnação, da Justiça de Deus na própria consciência, da necessidade de observância dos deveres para com eles mesmos. Espíritos imortais que são, e tolera-lhes os dardos de ira e petulância que te atiram vez que outra.

Jesus visitou o publicano sob protesto direto e silencioso dos amigos e dos adversários, a fim de arrancá-lo da ignorância e da avareza em que se asfixiava.

Recebeu Nicodemos e desvelou-lhe a justiça de Deus através do mecanismo da reencarnação.

Ensejou ao moço rico excelente oportunidade para optar pelo reino de paz e nunca cessou de apresentar a todos, sem exceção, a Boa-nova.

Faze o mesmo, através dos teus recursos e, inspirado por Deus, prossegue divulgando a esperança, a fé e a paz.

Joanna de Ângelis
(Viena, Áustria, 29 de maio de 1990).

4.2 Felicidade real

Ilusão, medo de si mesmo, solidão, falsa aparência, aturdimento, insatisfação, insensatez – são alguns dos pontos levantados pela palavra iluminadora de Joanna de Ângelis.

Esses estados íntimos defluem do comportamento adotado pelo ser humano, e que passa pelo mau uso da riqueza, do poder, da prosperidade que a tecnologia avançada proporciona, como, também, do distanciamento que, aos poucos, acontece entre a criatura e o Criador, entre a fatuidade da vida física e a realidade da vida espiritual.

Valorizando a existência carnal como objetivo máximo e único, coloca-se a felicidade exatamente onde ela não está.

Este, um dos mais dolorosos enganos da maioria das pessoas.

A felicidade deve ser alcançada a qualquer custo e de qualquer maneira.

Mas, onde está a felicidade? Como alcançá-la? O que é, afinal, a felicidade?

É o dinheiro? O amor de outra pessoa? A satisfação do prazer? O sucesso? O poder? A cultura vasta? O lazer? Um carro último tipo?

Enquanto o indivíduo acreditar que a felicidade está nas coisas que o cercam, será sempre infeliz: – *Serei feliz se fizer fortuna, se tiver o carro do ano, se construir uma bela mansão, se frequentar lugares sofisticados e da moda, se viajar pelo mundo, se...*

Ou então: – *Serei feliz se ele me amar; se ela fizer isso ou aquilo; se me for fiel; se ficar comigo para sempre, se...*

A felicidade, então, depende dos outros e de circunstâncias da vida. Como tudo isto pode falhar, faltar ou não acontecer jamais, nesta existência, haverá completa infelicidade, desilusão, tristeza, decepção.

Mas, se o indivíduo alcança grande parte do que idealiza como felicidade, um fato surpreendente pode ocorrer: a insatisfação, o vazio, a solidão. – *Tenho tudo o que quero, mas não sou feliz. Estou perdido em mim mesmo, não sei o que fazer da minha vida*. Em decorrência, busca o aturdimento, a fuga – invariavelmente por atalhos desastrosos – porque não sabe o que fazer da própria vida. Carrega no mundo íntimo o temor maldisfarçado de ouvir a voz da consciência. Teme ficar a sós porque, de repente, pode descobrir a verdade íntima que julga não poder suportar.

Esta, a mais profunda solidão: quando a pessoa não se ama e não consegue conviver com a sua realidade.

Os autores argentinos Kalina e Kovadloff, em seu livro *As Cerimônias da Destruição*, expressam muito bem essa dolorosa situação e, a certa altura, afirmam:

"A solidão do homem das metrópoles atuais, não somente a solidão que o rodeia, é também a solidão que o habita."

Assim, conforme enfatiza a benfeitora Joanna de Ângelis, essas pessoas, sumamente infelizes, caminham pela vida tentando parecer que são felizes. Riem, gargalham, fazem ruídos e algazarras, tudo, enfim, que é possível, para abafar a voz da própria consciência.

Mas, haverá para cada um o momento de despertar. Tão sofrido, quanto necessário. E quando isto ocorrer, quando iniciarem a irreversível viagem para o país de si mesmas, também surgirão surpreendentes descobertas: as das próprias potencialidades que jazem latentes e que podem ser acionadas para que se realize um novo caminho e se escreva uma nova história.

O ser humano descobre, nessa hora, que carrega em si uma ânsia de espiritualidade, clamando para ser atendida em definitivo.

O processo lento, mas imprescindível, de amadurecimento se inicia, e, conquanto difícil e custoso, traz um enriquecimento interior que felicita a alma, abrindo-lhe novas perspectivas. Os sentimentos se aprimoram, a sensibilidade se afina e o indivíduo começa a entrever uma nova dimensão de felicidade.

A compreensão de que é um Espírito em processo de aperfeiçoamento, e o que o torna feliz já não é a quantidade de ações e sim a qualidade – seu crescimento espiritual. A felicidade é conquista individual e não está nas coisas ou pessoas, mas em si mesmo. Há diferença entre *estar* feliz e *ser* feliz. Entre o ter e o ser – que é o fundamento da descoberta do Eu e da autorrealização. Não é esta a felicidade real?

A autora espiritual termina com alguns exemplos de encontros decisivos com Jesus.

4.3 Praga

Terminado o labor, Jürgen, Josef, Túlio, Nilson e eu seguimos a Praga.

A viagem foi muito agradável, e nos hospedamos numa residência cuja proprietária, amiga de Josef, cedeu-nos seu apartamento.

Praga é uma cidade fascinante, muito antiga, com monumentos históricos e importantes museus; é uma cidade grandiosa sob todos os aspectos. Aí viveu Jan Hus, que foi sacrificado em 1415 em Constança, e se reencarnaria como Allan Kardec. Não conseguimos localizar a igreja onde ele pregava, porque só pudemos sair à noite.

No dia seguinte, sábado, 2 de junho, tivemos a conferência pela manhã, em um cinema.

Para nossa surpresa lá estava Vlado, que traduziu ao tcheco, através de D. Helena Stavelova, os nossos livros mediúnicos – *Grilhões Partidos*, *Após a Tempestade* e *Filigranas de Luz*. É um homem muito simpático. Contou-nos fatos impressionantes sobre o regime antigo (o comunista). Quantas vezes ele foi chamado à polícia! Sua esposa era médium, por isso, foi internada como louca e, no hospício, enlouqueceram-na aplicando injeções que a tornaram furiosa.

Quando estava realmente furiosa (consequência das drogas injetadas), foi devolvida para casa. A família dela retirou-a da companhia do marido e propôs divórcio. Ela, pelo que tinha sofrido pelo regime, abandonou as experiências mediúnicas.

Vlado traduziu ao tcheco mais de cento e vinte livros espíritas, e nos falou que na sua região, que é de mineradores, antes do regime soviético, chegou a ter trezentos mil espíritas e um jornal, que circulou durante o tempo da ditadura estalinista, e, para manter o jornal, os espíritas se cotizavam. Esses espíritas viviam na região de Ostrava, na Morávia. A perseguição foi-lhes terrível e contínua.

Certo dia, contou ele, a sua casa foi invadida por *ladrões*, que roubaram somente os livros espíritas. Ele deu queixa à polícia e, depois de um ano, esta lhe falou que não os havia encontrado. Ele sabia que os *ladrões* foram os próprios policiais, porque nenhum ladrão entra numa casa para furtar obras espíritas.

O médium principal do grupo foi preso e levado a um sanatório, onde lhe aplicaram injeções na carótida. A partir daí ele começou a inchar até deformar, vindo a morrer. Vlado, um homem de sessenta e poucos anos, é um verdadeiro herói do Espiritismo tcheco. Veio acompanhado de alguns senhores, e se uniu a outros de Praga.

Na segunda conferência, que foi a respeito da reencarnação, porque a primeira foi sobre a imortalidade da alma, o mesmo tema de Viena, deu-se um fato curioso. Quando eu estava proferindo a palestra, um jovem, um tanto agitado, interrompeu-me, pedindo a palavra. Sugeri-lhe que aguardasse o momento, no fim. Mas a intérprete, uma senhora gentil, Dona Helena Gusmánova, informou que ele estava contando o drama que havia sofrido: sua filhinha de dois anos, que havia sido internada num sanatório porque estava doente, foi ali violentada por um enfermeiro, vindo a morrer. Ele estava desesperado.

Fiquei a lembrar-me dos dramas humanos, que são os mesmos em toda parte do mundo. Aquele país, que estava recentemente libertado do jugo do totalitarismo e que deveria estar com os seus filhos felizes pela oportunidade de reconstruir a liberdade e a paz, não se encontrava livre dos dramas humanos individuais.

Por outro lado, Praga é uma cidade um tanto sombria e deprimente. Os edifícios antigos, malconservados, demonstravam o abandono a que esteve relegada naquelas últimas décadas.

Nota-se como foi infeliz o governo da ditadura soviética naquele país, e certamente nos outros, pelo aspecto das cidades e pessoas. É grande a diferença entre a Tchecoslováquia e a Áustria. Saindo de um país para outro, chega a ser chocante, mas isso demonstra que esses regimes totalitários são profundamente criminosos, mas o povo tcheco é por demais simpático, muito agradável, gentilíssimo. Quando se fazia qualquer pergunta, as pessoas demonstravam o maior interesse em orïentar. Como nos aconteceu na Suíça, dias antes. Fizemos uma pergunta, em Zurique, e isso nos sensibilizou muito – como alcançar a rota – Jürgen é quem dirigia o carro, ele é da Alemanha, da cidade de Colônia – e o rapaz pediu que seguíssemos o seu carro, indo levar-nos até a saída da cidade. Isso é típico do brasileiro e ali se estava repetindo. Constatamos que a criatura humana é também a mesma, tanto a positiva quanto a negativa.

No dia seguinte, 13, era a nossa segunda conferência, a que me referi. Tivemos um número maior de pessoas. Após a conferência, apresentamos uma cirurgia mediúnica em videocassete, tivemos o caso do rapaz angustiado, muitas perguntas, mas, infelizmente, o tempo não nos permitiu um prolongamento maior, porque logo tínhamos que viajar a Viena, de carro, e de lá, tomar o trem para Milão. Eram duas viagens longas.

Assim, saímos de Praga de carro até Viena, e depois seguimos de trem a Milão.

4.4 Tiranos

A tirania, responsável por males de longo curso, é síndrome da prevalência do primitivismo animal em a natureza humana. O tirano, mesmo quando portador de conhecimentos filosóficos e técnicos, permanece um bárbaro, exercendo o domínio pela força bruta em detrimentos das conquistas da razão.

Simultaneamente, é portador de alienações mentais maldisfarçadas, que decorrem de patologias perturbadoras ou frustrações que se apresentam sob formas de superioridade e poder.

Dissimulando a insegurança pessoal e os conflitos que o aturdem, o tirano se compensa emocionalmente provocando pavor e submetendo os demais ao seu talante.

Crendo-se incapaz de despertar os sentimentos de simpatia, admiração e amor, faz-se temido e detestado, cercando-se de símiles portadores dos mesmos distúrbios, nos quais também não confia, porque reconhece que eles são os seus competidores, normalmente prontos a conspirar e a destituí-lo.

A tirania é pesada canga que a Humanidade carrega periodicamente.

Nero, atormentado e irascível, era portador de distúrbios psíquicos que o faziam desvairado.

Tamerlão, ignorante e paranóide, matava por prazer esquizofrênico, temendo ser assassinado.

Hitler, sanguinário e feroz, era maníaco e medroso.

Todos eles, os tiranos que passaram pela Terra, deixaram os sinais evidentes das enfermidades que os vitimavam.

A tirania tem um peculiar curso de desenvolvimento psicológico na criatura.

Terapias especializadas podem interromper-lhe a marcha, destacando-se, entre elas, os métodos educativos da personalidade apaixonada ou conflitiva.

Seja qual for, porém, o processo terapêutico a ser utilizado, a evangelização espírita, em favor das gerações novas, como a desobsessão, constitui valioso preventivo para evitar futuros tiranos.

Reconhecendo o homem o mecanismo da reencarnação, o intercâmbio das forças mentais e as induções obsessivas, equipa-se de valores para enfrentar os próprios distúrbios, estabelecendo e logrando sucessivas etapas de equilíbrio até a aquisição da saúde e da harmonia pessoal.

Em sintonia natural ou sob estímulo de entidades perversas da Erraticidade inferior, o tirano, além da sua própria carga de perversidade, é um obsidiado em avanço para a subjugação total.

Onde respira e vive, contamina a psicosfera, que passa a ser constituída pelo bafio, perturbando todos aqueles que lhe compartem o espaço.

O medo que desperta irradia-se em densas cargas negativas, mais intoxicando o campo psíquico que o rodeia, e se torna insuportável, facultando a instalação e o desenvolvimento de doenças degenerativas.

As ideoplastias infelizes se condensam, tornando--se verdadeiros fantasmas *que se nutrem das emanações deletérias dessas mentes degeneradas, gerando-se um círculo vicioso cuja existência tem origem no pensamento perverso que, por sua vez, sustenta as próprias criações.*

Por tal razão, mesmo depois que passam os tiranos e os seus períodos, permanecem o pavor e as sombras ameaçadoras, que produzem, não raro, naqueles que os sucedem com boas intenções e inspirados por ideais elevados, quase semelhantes façanhas, através da perseguição que desencadeiam contra os antigos dominadores e os seus sequazes, derrapando em abusos e crimes que reprochavam até há pouco.

Necessário abrir os espaços sombrios às emoções da liberdade saudável, sem a libertinagem vil nem as explosões de rancor recalcado e igualmente tirânico, que se apresentam dissimulados em forma de justiça.

Acende a luz da fé nesses recintos sombrios, a fim de que ela dilua as cargas nefastas do medo, da desconfiança e do ódio aí predominantes.

Luariza os corações com a esperança que confia e apresenta o futuro como a esponja nas mãos do tempo, que tudo apaga e altera.

Fala-lhes do amor e da imortalidade, ajudando-os a entender as razões do seu martírio, as causas dos seus sofrimentos na aparência de inocentes atuais.

Desperta-os para o perdão e a ajuda aos outros, quanto gostariam de terem-na recebido ou de a encontrarem agora.

Relembra-lhes o ontem, a fim de os auxiliar a construir o amanhã.

E sê-lhes exemplo e guia mediante uma conduta fraternal, paciente e bondosa, que os fará mudar de atitude mental, a fim de receberem e agasalharem a confiança no futuro e o Cristo no presente.

Joanna de Ângelis
(Praga, Tchecoslováquia, 31 de maio de 1990).

4.5 Os mártires do Espiritismo

Vlado e sua pequena equipe. Na longínqua capital da Tchecoslováquia, Praga, Divaldo tem a satisfação de encontrá-los. Que distâncias foram percorridas para que isto se desse!

Ouvindo Divaldo narrar a epopeia escrita por esses valorosos espíritas, na região da Morávia, enfrentando o guante de perseguições soezes, que chegavam aos extremos dos sacrifícios de vidas, a par de toda a forma de martírios morais, recordei-me de algumas mensagens dos instrutores espirituais a Allan Kardec, e que ele insere na Revista Espírita de 1862.

Ao apresentar as palavras do Mundo Maior, o codificador coloca o mesmo título com que abrimos este capítulo, e explica que as mensagens vieram em resposta a uma pergunta que lhe fora proposta: "Os mártires selaram com o sangue a verdade do Cristianismo. O Espiritismo tem mártires?"

Em pequena introdução, Kardec afirma que os inimigos do Espiritismo o mostram como uma seita, "que lhe deram sacerdotes e alto clero", querendo fazer dele uma religião nesses moldes. E afirma que o Espiritismo "jamais se arvorou em rival do Cristianismo, do qual se declara filho."

E pergunta: "Não ajudam a fazer mártires os que apontam os espíritas como condenados, como parias a cujo contato se deve fugir; que açulam contra eles a populaça ignorante e chegam, até, a lhes roubar os *recursos do trabalho*, esperando vencê-los pela fome, em falta de bons argumentos?" (Grifo no original)

Registra, em seguida, as mensagens de vários mentores.

"Pedistes milagres. Hoje pedis mártires", diz Santo Agostinho. "Já existem os mártires do Espiritismo: entrai nas casas e os vereis. Pedis perseguidos: abri o coração desses fervorosos adeptos da ideia nova, que lutam contra os preconceitos, com o mundo, por vezes, até com a família!"

E Lázaro, em magistral mensagem, que é como que uma introdução à notável página de sua autoria, que foi inserida por Allan Kardec, no Capítulo XI, item 8, *O Evangelho Segundo o Espiritismo*, diz:

"O progresso do tempo substituiu as torturas físicas pelo martírio da concepção e do nascimento cerebral das ideias que, filhas do passado, serão as mães do futuro. Quando o Cristo veio destruir o costume bárbaro dos sacrifícios, quando veio proclamar a igualdade e a fraternidade entre o saiote proletário e a toga patrícia, os altares, ainda vermelhos, fumegavam o sangue das vítimas imoladas; os escravos tremiam ante os caprichos do senhor e os povos, ignorando Sua grandeza, esqueciam a Justiça de Deus. Nesse estado de rebaixamento moral, as palavras do Cristo teriam sido impotentes e desprezadas pela multidão se não tivessem sido gritadas pelas Suas chagas e tornadas sensíveis pela carne palpitante dos mártires. Para ser cumprida, a misteriosa Lei das Semelhanças exigia que o sangue derramado pela ideia resgatasse o sangue derramado pela brutalidade.

"Hoje os homens pacíficos ignoram as torturas físicas. Só o seu ser intelectual sofre, porque se debate, comprimido pelas tradições do passado, enquanto aspira novos horizontes. Quem poderá pintar as angústias da geração presente, suas dúvidas pungentes, suas incertezas, seus ardores impotentes e sua extrema lassitude? Inquietos pressentimentos de mundos superiores, dores ignoradas pela antiguidade material, que só sofria quando não gozava; dores que são a tortura moderna e que transformarão em mártires aqueles que, inspirados pela revelação espírita, crerão e não serão acreditados, falarão e serão censurados, marcharão e serão repelidos. Não percais a coragem... vossos próprios inimigos vos preparam uma recompensa tanto mais bela quanto mais espinhos houverem eles semeado em vosso caminho."

São maravilhosas as páginas de esclarecimento e conforto desses Espíritos, e meditando sobre elas, acerca de Vlado e seus companheiros, todo um imenso painel se abre ao nosso panorama espiritual. Nele vemos os mártires do Cristianismo nascente, desde o holocausto do próprio Cristo, dos que O seguiram logo de imediato, daqueles outros que foram sacrificados em Lyon, a *cidade dos mártires*, até os tempos modernos. E entre esses, Allan Kardec, que nos legou o exemplo, não apenas do seu trabalho, esforço e abnegação à causa, mas também do seu sacrifício – ele próprio um dos mártires do Espiritismo.

Não é sem razão que o Espírito de Verdade o adverte quanto à total doação que teria de empreender se se dispusesse a realizar a missão para a qual havia sido convidado.

"Previno-te de que é rude a tua (missão), porquanto se trata de abalar e transformar o mundo inteiro." Fora cientificado que não bastaria "publicar um livro, dois livros, dez livros, para em seguida ficares tranquilo em casa." Havia mais, muito mais: "Tens que expor a tua pessoa." E em sequência foram sendo enfileiradas as lutas que adviriam: ódios terríveis; inimigos encarniçados; malevolência, calúnia, traições – até dos mais chegados – fadiga, sacrifício e por fim: "terás de sustentar uma luta quase contínua, com sacrifício de teu repouso, da tua tranquilidade, da tua saúde e até da tua vida, pois, sem isso, viverias muito mais tempo."

4.6 Esses outros tiranos

Os tiranos, como tudo o mais que represente a impermanência da vida material, também passaram.

Embora muitos tenham deixado um rastro de dor e destruição, foram, eles próprios, destruídos pela colheita de ódio que semearam e engolidos pelo tempo inexorável que tudo transforma e renova. De sua memória resta a lembrança dos horrores que perpetraram, que todos buscam apagar na vivência de uma outra época.

Infelizmente, porém, aqui e ali ainda surgem alguns vultos que almejam repetir o modelo nefasto da tirania, e a si próprios elegem para tal, fascinados pelo poder e incapazes de enxergar os resultados que os seus antecessores deixaram através da história.

Em suas viagens para o incansável labor da pregação da Doutrina Espírita, Divaldo tem o ensejo de visitar países que padeceram a loucura dos tiranos, e constatar, ainda hoje, as marcas dos trágicos resultados.

A tirania pode parecer distante de nós. Os governos dos tiranos parecem ser, agora, parte do passado. Entretanto, a tirania pode estar bem perto, sendo exercida por pessoas que conhecemos, ou quem sabe, fazem parte do nosso mundo afetivo e pessoal.

Existem os tiranos domésticos que infernizam a vida de toda a família;

os que tiranizam em nome do ciúme;

aqueles que se supõem donos da verdade e exigem que aqueles que dele dependem lhes sejam submissos;

os que escravizam os subalternos em jornadas de trabalho subumanas; os que são capazes de matar, com a desculpa de *lavar* a honra;

os que confundem *amor* com *posse* e se julgam donos do outro – que tudo lhes deve;

os que oprimem e cerceiam a liberdade de outros, em nome da *religião*, mantendo-os dominados sob a ameaça do inferno ou como prêmio à salvação;

os que iludem o povo para se locupletarem através de vantagens e benefícios;

os que desviam verbas e prejudicam as pessoas em seus direitos essenciais...

Tirania! Tiranos! Nas voltas da vida por certo defrontarão com o que semearam pelos caminhos.

Joanna elucida que tal comportamento evidencia o Espírito enfermo, em diferentes gradações. São pessoas com distúrbios de personalidade e que podem estar *"em sintonia natural ou sob estímulo de entidades perversas da Erraticidade inferior"*. Por essa razão a psicosfera que lhes é própria traz um alto teor negativo que pode, inclusive, contaminar, contagiar os que com eles convivem, seja pela irradiação de medo que despertam, seja pela afinidade das mentes que estão na mesma faixa.

Nos casos mais graves, cuja patologia mental atinge graus máximos, essa influenciação é, obviamente, de trágica e nefasta intensidade, conforme os exemplos que a autora espiritual cita.

E é ela quem diz:

"Seja qual for, porém, o processo terapêutico a ser utilizado, a evangelização espírita em favor das gerações novas, como a desobsessão, constituem valioso preventivo para evitar futuros tiranos."

4.7 Crimes hediondos e a Lei de Ação e Reação

Divaldo narra que em meio à conferência que profere, cujo tema era reencarnação, é interrompido por um jovem muito agitado e que expõe, de público, o drama que carrega. Sua filhinha, de apenas dois anos, adoece e é internada num hospital, e ali é submetida à violência execrável de um homem, vindo a falecer.

Crueldade inominável esta, que a nossa razão repele por monstruosa, e que evidencia a selvageria e o primitivismo de certos Espíritos reencarnados na Terra. Diante de tão dramática experiência, fica-se a pensar qual seria a condição espiritual da criança que foi a vítima. Por que isto aconteceu?

Vejamos por partes os pontos clarificadores da Doutrina Espírita:

Em *O Livro dos Espíritos*, na resposta à questão número 385, a respeito da mudança de comportamento do adolescente, entre outras coisas afirmam os instrutores espirituais:

"Não conheceis o que a inocência das crianças oculta. Não sabeis o que elas são, nem o que foram, nem o que serão (...)

"As crianças são seres que Deus manda a novas existências. Para que não lhes possam imputar excessiva severidade, dá-lhes Ele todos os aspectos da inocência. Ainda quando se trata de uma criança de maus pendores, cobrem-se-lhe as más ações com a capa da inconsciência. Esta inocência não constitui superioridade real com relação ao que eram antes, não. É a imagem do que deveriam ser, e, se não o são, o consequente castigo exclusivamente sobre elas recai."

Na questão 399, que trata das vicissitudes da vida corporal, das expiações e provas, os benfeitores espirituais, a certa altura de sua resposta, assim se expressam:

"As vicissitudes da vida corpórea constituem expiação das faltas do passado e, simultaneamente, provas com relação ao futuro. (...)

"A natureza dessas vicissitudes e das provas que sofremos também nos pode esclarecer acerca do que fomos e do que fizemos, do mesmo modo que neste mundo julgamos os atos de um culpado pelo castigo que lhe inflige a lei. Assim, o orgulhoso será castigado no seu orgulho, mediante a humilhação de uma existência subalterna; o mau rico, o avarento, pela miséria; o que foi cruel para os outros, pelas crueldades que sofrerá; o tirano, pela escravidão; o mau filho pela ingratidão de seus filhos; o preguiçoso, por um trabalho forçado, etc."

Chacinas, crimes hediondo, perversões, violência de toda sorte, com requintes de crueldade, impactam a opinião pública, e diante dessas dramáticas ocorrências surgem as indagações: por que ocorrem? Como explicar que o ser humano aja com tanta crueldade? Afinal, qual a explicação para a violência?

Psiquiatras, psicólogos, sociólogos, enfim, os estudiosos do comportamento humano e da área de saúde mental apresentam teses numa tentativa de elucidar o que move a criatura a cometer ações violentas.

Segundo alguns neurofisiologistas, a atitude violenta é o extravasamento de um instinto que as estruturas cerebrais produzem. Os sociólogos, por seu lado, afirmam que a violência expressa a extrema reação contra as circunstâncias do meio, contra o próprio mundo.

Todavia, como tais colocações não satisfazem boa parte das pessoas, é assim cada dia maior o número daqueles que buscam as respostas no Espiritismo, já que as demais religiões também não explicam de forma clara e lógica.

Lei de Ação e Reação. Causa e efeito, resultado do passado, expiações, carma, são enfim, as respostas habituais, mas nem sempre devidamente aprofundadas.

É evidente que esses mecanismos da Justiça Divina são pouco conhecidos das pessoas em geral. E, mesmo para o espírita, fica difícil entender e aceitar as explicações diante dos crimes hediondos, por exemplo, embora todo o acervo que a Doutrina Espírita coloca ao nosso alcance.

Fato é que as pessoas pouco conhecem das Leis Divinas, e, por isso mesmo, projetam no Criador as suas próprias imperfeições, tendo-O como ser vingativo ou benevolente, capaz de castigar e premiar de acordo com as circunstâncias ou o seu variável humor. Por essa razão, torna-se difícil a compreensão da Lei de Ação e Reação nos seus intrincados meandros.

Além de todos os aspectos que abordamos até agora, vale considerar, também, uma questão que é de primordial importância, e que é bem pouco considerada e estudada. Trata-se do pensamento e da força do sentimento que o reveste. Pensamento e sentimento expressam a vida das criaturas sob o comando da vontade.

A vontade reflete a opção pessoal que irá orientar a conduta de cada um. De acordo com essa preferência ou escolha, o pensamento vibrará em variáveis frequências, expressando o teor dos sentimentos que o animam.

Cada indivíduo é, portanto, a soma de todas as suas aquisições pessoais ao longo do tempo, e esses traços característicos de sua personalidade repercutem vibratoriamente formando a sua psicosfera pessoal.

Elucidando a respeito, o instrutor espiritual André Luiz afirma:

"O pensamento espalha nossas próprias emanações em toda parte a que se projeta. Deixamos vestígios espirituais, onde arremessamos os raios de nossa mente, assim como o animal deixa no próprio rastro o odor que lhe é característico, tornando-se, por esse motivo, facilmente abordável pela sensibilidade olfativa do cão." (*Nos Domínios da Mediunidade*, cap. 26)

Também o benfeitor espiritual Camilo, dissertando sobre o assunto, esclarece:

"Não são poucos os casos em que as almas que desenvolveram atitudes de Dom juanismo em vidas pretéritas, tendo causado danos a si mesmas e a terceiros, ou pessoas que desbragaram no campo das energias sexuais, promovendo escândalos morais de destaque ou não, costumam reencarnar-se depois de tudo isso, trazendo seu odor libidinoso, sua aura assinalada por fortes elementos atraentes de outras criaturas de idêntica inclinação moral, capazes de sofrer, na atualidade, as investidas para as quais têm o campo energético predisposto.

"Não é por outra razão que verificamos situações de assédio ou agressões sexuais sofridos por crianças, jovens ou idosos, femininos ou masculinos, com largo espectro de justificativas de formal psicologia, tendo tudo isso, porém, por base, as vivências malsinadas do pretérito, ressumando no agora as drásticas consequências.

"São as próprias almas, ora reencarnadas em qualquer faixa social ou etária, que carregam ao redor de si o campo instigador dessas atrações, vinculando-se, sempre, a indivíduos que exteriorizam energias similares, pois,

na esfera do Espírito os similares se atraem." (*Educação e Vivências*, cap. 18)

O que ressalta, nesse caso específico sob nosso enfoque, é que cada pessoa deixa, em sua trajetória, como que um rastro peculiar, onde as emanações que ressumam do seu mundo íntimo são elementos de atração para os que com ela se afinam. Na aura se estampam as preferências, as idiossincrasias, o "desejo central", facilmente detectados pelos similares encarnados ou desencarnados.

É o que Allan Kardec denomina de "fotografia do pensamento":

"(...) criando *imagens fluídicas*", o pensamento se reflete no envoltório perispirítico como num espelho, toma nele corpo e aí de certo modo se *fotografa*.

Afirma o codificador que é exatamente por esse processo que uma "alma pode ler noutra alma como num livro", e finaliza explicando que assim se exteriorizam "a preocupação habitual do indivíduo, seus desejos, seus projetos, seus desígnios bons ou maus." (*A Gênese*, cap.14, item 15)

Devido ao atraso evolutivo da Humanidade, ainda reencarnam no planeta criaturas com graves comprometimentos espirituais, em grande número, e por processos de afinidade de intenções, preferenciais e conduta acabam por se aproximarem. Também os cúmplices de antigos crimes, rivais, inimigos ferrenhos, que retomam o caminho da crueldade, da vingança, em meio ao ódio e instintos inferiores dos quais não se libertaram, e, até mesmo, ainda cultivam.

O problema da criminalidade não pode deixar, então, de ser examinado, também, e principalmente, em relação ao estado evolutivo do Espírito.

Algoz e vítima trazem, do passado, profundas marcas, que no hoje se refletem de forma dramática.

No âmbito da Criminologia, várias são as teorias que tentam explicar as causas que levam o ser humano a cometer atos violentos e cruéis contra outro.

O saudoso e querido Deolindo Amorim enfoca todo este problema em seu livro *Espiritismo e Criminologia*. A certa altura, cita ele a questão 846, de *O Livro dos Espíritos*, quando Kardec interroga os instrutores espirituais acerca da influência do organismo sobre os atos da vida, que assim responderam:

"É inegável que sobre o Espírito exerce influência a matéria, que pode embaraçar-lhe as manifestações. Daí vem que, no mundo, onde os corpos são menos materiais do que na Terra, as faculdades se desdobram mais livremente. Porém o instrumento não dá a faculdade. Além disso, cumpre se distingam as faculdades morais das intelectuais. Tendo o homem o instinto de assassínio, seu próprio espírito é, indubitavelmente, quem possui esse instinto e quem lho dá; não são os órgãos que lho dão."

Ao que Deolindo Amorim aduz:

"O instinto criminal é relativo à inferioridade do Espírito; as desarmonias glandulares e as condições sociais provocam ou favorecem a manifestação do instinto, mas não constituem, a despeito de tudo isto, a *causa* das más inclinações. (...)

"O crime (prossegue ele) não é um fenômeno de pura fisiologia cerebral, mas um fenômeno pertinente à responsabilidade do Espírito, apesar dos condicionamentos anatômicos e culturais. Que a inteligência pode afirmar-se por si mesma, independente de qualquer alteração na matéria cerebral, é fato verificado nas próprias crônicas médicas. É, portanto, com fundamento científico que o Espiritismo afirma a distinção entre corpo e Espírito, como proposição primordial de suas deduções filosóficas."

Psicopatas, criminosos de alta periculosidade, vingadores, tiranos, torturadores, ontem ou hoje, transitam pelas ruas do mundo, encarnados ou desencarnados, deixando no próprio rastro as emanações de seu psiquismo atormentado que somente se modificarão à custa de muitas lágrimas, já que se fecham, por enquanto, às sugestões do bem, da paz e do amor.

Vale lembrar que muitos crimes não hediondos ocorrem em nível coletivo, social, tais como os atos de brutalidade e selvageria, de terrorismos, das "máfias" espalhadas pelo mundo e, em última análise, os milhões de seres humanos que morrem diariamente vitimados pela fome, pela seca, pela miséria em todos os níveis.

Importa refletir, a esta altura, quanto à nossa conduta, quanto às nossas preferências, quanto ao teor dos nossos pensamentos, para termos uma ideia da psicosfera ao nosso redor e que tipo de atração exercemos. Em nosso primeiro livro, *Obsessão/Desobsessão*, lançado em 1981, pela FEB, ao tratar da importância do pensamento, afirmamos: "De acordo com o que pensamos serão as nossas companhias espirituais e, parodiando a sentença popular, diremos: "Dize-me o que pensas e te direi com quem andas..."

Por tudo isso, Joanna de Ângelis exorta:

"Vive, de tal forma, que deixes pegadas luminosas no caminho percorrido, como estrelas apontando o rumo da felicidade."

5
MAUTHAUSEN

A visita que fizemos ao campo de concentração e trabalhos forçados em Mauthausen, na Áustria, foi, em nossa já longa existência, o que mais nos impressionou, pela grandiosidade trágica dos acontecimentos que ali tiveram lugar, entre 1938 e 1945. Naquele campo de concentração, os alemães nazistas ceifaram cento e vinte duas mil setecentas e sessenta e duas vidas, aparentemente sem qualquer motivo. Ali eram reunidos e misturados judeus, ladrões e bandidos comuns, homossexuais, ciganos, latino-americanos, espanhóis, portugueses, russos, qualquer pessoa, com ou sem motivo. A Gestapo simplesmente levava para aquele reduto – num dos lugares mais belos da Áustria, no cimo de uma colina verdejante, de onde se tem a visão de uma paisagem encantadora – e, longe de qualquer piedade ou compaixão, de qualquer sentimento de humanidade, carrascos de fibra fria, verdadeiras personalidades psicopatas, matavam, sistematicamente, tranquilamente, com os maiores requintes de crueldade, com as expressões mais torpes da maldade humana.

E ainda hoje, quando aquele campo de concentração, semelhante a outros, está aberto à visitação pública para que jamais se repita na história da Humanidade a mesma tragédia, a visão da paisagem verde e o silêncio terrível da área são de produzir marcas em qualquer sentimento, gerando no indivíduo uma natural reação à violência, à perversidade e, acima de tudo, à crueldade dos regimes totalitários.

Fomos visitar o campo de Mauthausen, acompanhados por um jovem amigo alemão, um brasileiro, que era o nosso intérprete, uma brasileira, também amiga nossa – estes dois últimos, espíritas – Nilson e nós. Desde que chegamos aos seus arredores, sentimos a psicosfera ambiente depressiva, assinalada por sombras que ainda pairam truanescas, pelas vozes em clamor das vítimas, que são de enternecer e chocar a sensibilidade mais embotada.

Fizemos a entrada no campo pelo sentido inverso. Mauthausen fica no alto de uma colina, como dissemos. Preferimos entrar pela parte dos trabalhos forçados, em uma pedreira. Ela tem aproximadamente oitenta metros de altura, em pedra chanfrada, cortada a picareta e a dinamite, havendo sido ali o local das matanças mais sórdidas, onde a crueldade havia atingido seus índices mais elevados.

Na parte inferior da pedreira, as águas de chuva e alguns nascedouros naturais produziram três pequenas piscinas com uma profundidade oscilante de dois a oito metros. Aquela parede de pedra escalavrada até o alto, cortada abruptamente, ficou denominada como o *muro dos paraquedistas*. Placas em mármore, em quatro idiomas, narram o significado dessa denominação – era dali que se atiravam, particularmente, os judeus. Aproximavam--nos da borda, e, como numa brincadeira infantil, iam--nos empurrando para que tombassem do alto e morressem despedaçados embaixo. Aqueles que, por acaso, viessem a sobreviver, seriam afogados, porque, à borda das piscinas, ficavam soldados com metralhadoras para dizimá-los.

No ano de 1942, chegou a primeira remessa de judeus da Polônia e, somente pelo fato de serem judeus – homens, mulheres, crianças e anciãos – foram colocados à borda e empurrados, enquanto os soldados e seus convidados, das tropas S.S., sorriam ao ver que os *paraquedas* não se abriram – paraquedas que, afinal, não existiam.

A visão psíquica do local é verdadeiramente umbralina. A dor, os lamentos, as vozes desesperadas, apesar de já se terem passado quase cinquenta anos das primeiras mortes, e quarenta e cinco da libertação dos prisioneiros.

Logo ao lado fica a *escadaria da morte*. É quase impossível imaginar que a mente humana possa elaborar técnicas de matança coletiva tão cruéis e tão variadas. Hoje, a *escada da morte* teve que ser readaptada, para facilitar o trânsito de turistas e visitantes. Inicialmente era feita de blocos de pedra, como ainda agora, porém, desorganizadamente. Trata-se de uma escadaria de cento e oitenta e seis degraus, mas estes foram feitos habilmente para matar as pessoas. Degraus largos de quarenta centímetros, e logo outros de dez centímetros. As pedras, ora eram inclinadas para cima, ora para baixo. Em determinados momentos eram muito irregulares, de forma que não permitiam o ritmo da caminhada. Os prisioneiros, através de um engenho de madeira imitando uma pequena cadeira sem pernas, que lhe era amarrado às costas, deviam carregar pedras pesando em média de cinquenta a sessenta quilos. A pedra era colocada às costas, e eles deviam subir a escada em ritmo, porque eram terrivelmente açulados com estiletes nas pontas de varas que lhes feriam o calcanhar, ou eram chibateados. Colocavam uma média de duzentos carregadores de pedras na escada para vê-los cair, pois que, qualquer um deles que tombasse, com o peso da pedra, nos degraus irregulares que não apoiavam os pés, tombava para trás, e, à semelhança de pedras de dominó, ia derrubando os que estavam atrás e matando-os sob o peso dos blocos que carregavam.

É um espetáculo que confrange a alma, porquanto nós, com saúde (estava uma escola com jovens, visitando a região) – hoje os degraus são mais ou menos regulares porque foram consertados – éramos obrigados a parar, pois são cento e oitenta e seis, normalmente de um palmo de altura de um degrau para o outro, numa curva de montanha até chegar ao acume, então se pode imaginar o sofrimento de homens e mulheres carregando pedras de cinquenta a sessenta quilos às costas, indormidos, sem alimentação, e tinham que fazê-lo para não morrerem, já que qualquer sintoma de doença era razão para serem liminarmente eliminados. Os nazistas não lhes davam o direito de ser tratados, não havia tempo nem qualquer recurso, então, na *escada da morte* eles tinham os seus dias terminais; ou quando o desespero os enlouquecia de fome, de febre, eles se atiravam do *muro dos paraquedistas*.

Enquanto subíamos a escadaria imensa eu me lembrava da *Escada de Jacó*, da Bíblia, e balbuciando uma oração, degrau a degrau, eu imaginava que isso aconteceu nestes dias e ainda está acontecendo nestas horas. O horror, a impunidade dos governos autoritários, a impunidade dos homens possuidores de poderes arbitrários, continuam fazendo algo semelhante com as mesmas características da impiedade.

Quando chegamos à parte superior, estavam as homenagens dos países vítimas, em monumentos expressando grandes sentimentos. A estatuária recordava a dor daquelas cento e vinte e duas mil vidas (em números redondos), com inscrições enternecedoras. A própria Alemanha colocou uma imensa estátua – uma mulher algo disforme, com uma criança no colo, ela chora seus filhos e o que os seus filhos haviam feito contra a Humanidade. Atrás, uma imensa cerca de arame farpado para recordar o número enorme dos que morreram eletrocutados nos metais, quando desejavam evadir-se. Também nos comoveu muitíssimo o monumento deixado por Israel, aos seus filhos, cujo único crime era o de ser judeu, pertencer àquela raça que, por uma ou outra razão, gerou na Humanidade, através da história, um sentimento de ódio, de horror, que ainda hoje cria repulsa nos infelizes discriminadores; àqueles que, na África do Sul, mantêm o mesmo regime do *apartheid*, criando em nós repulsa e dor. Por isto, em muito boa hora, o Papa João Paulo II recebeu Mandela, que sofreu vinte e sete anos de cárcere, pelo crime de pregar a libertação de seus irmãos autóctones, os negros das várias tribos africanas do sul. O Papa, para demonstrar sua ojeriza ao *apartheid*, saudou-o, apertou-lhe a mão e concedeu-lhe uma das mais largas entrevistas que jamais facultou a qualquer outro líder internacional...

Mas Mauthausen é um espetáculo de dor. Ninguém prossegue na caminhada sem chorar. A Natureza silenciosa, cercada de lavanda, de papoulas, de flores miúdas, na abertura deste verão europeu, confraterniza com toda a tragédia que ali aconteceu por detrás daqueles muros.

Visitamos alguns dos dormitórios, examinando várias exposições de fotografias.

No primeiro dormitório onde estivemos, ainda com as peças da época, são confrangedores o silêncio e as marcas da promiscuidade. Numa sala menor do que esta, talvez dois terços dessa largura[5], com capacidade para duzentos presos, eram colocadas às vezes duas mil pessoas. Morriam por falta de oxigênio para respirar. Morriam de pé, e não caíam porque não havia espaço. Noutras vezes, simplesmente fechavam-nas ali, trancavam as portas e janela, pregavam-lhes tábuas e deixavam-nas morrer. As marcas no solo permanecem, porque foram deixadas intactas algumas tábuas sem envernizar. Nas paredes arranhadas pelas unhas, alguns desenhos que foram feitos por vários encarcerados que se utilizaram de pequenos pedaços de papel e traçaram os registros ignóbeis de todo o suplício que padeceram, ainda permanecem.

A praça principal de Mauthausen mantém um silêncio impressionante, embora houvesse centenas de pessoas transitando pela sua ampla área.

Logo à entrada do campo, há um enorme bloco de mármore branco, no qual se destaca uma estátua não concluída. É a homenagem da Rússia a um condenado, que foi colocado naquele lugar, no inverno, amarrado a um poste, com água pingando-lhe sobre a cabeça até

[5] Dez metros por vinte (nota da autora).

que ele se transformasse numa peça de gelo. É o homem gelado. Enquanto ele congelava, os carrascos que acompanhavam a cena sorriam jubilosamente.

Fomos ao recinto ao lado, o da quarentena. As pessoas chegavam em caminhões, porque o campo de Mauthausen não tem acesso de trem. Eram então colocadas no terreno baldio, hoje cemitério, para a quarentena, e depois distribuídas, as sobreviventes, pelos pavilhões. Os velhos, os doentes e as crianças eram imediatamente separados para as câmaras de gás, pelo crime de serem velhos, crianças e doentes.

Logo depois nos adentramos pelas imensas exposições e assistimos a um filme, no qual estão algumas cenas de horror, que os russos fotografaram quando chegaram a Mauthausen e o conquistaram. Milhares de cadáveres insepultos, dos que morreram por absoluta inanição pela fome. A expressão do rosto, a boca aberta, os olhos, o estado de absoluta desnutrição, a pele mal cobrindo os ossos, a nudez, os dentes arrancados de alguns que tivesse qualquer trabalho de ouro, espantam. Chegaram a juntar dois quartos com óculos, porque o fato de possuir-se óculos, denotando qualquer dificuldade visual, era a própria sentença de morte: imediatamente o indivíduo era levado à câmara de gás, e os óculos atirados aos quartos, que ficaram abarrotados.

Mas o momento culminante ainda nos aguardava. Era o laboratório de *experiências científicas*. Crianças gêmeas judias eram separadas e postas uma num quarto, sob observação médica, e a outra num recinto contíguo, para ver se havia telepatia de sofrimento entre as duas. O sicário estrangulava lentamente uma delas, para testar se a outra captava a dor no outro cômodo, e então se faziam anotações *científicas*. Asfixias, estrangulamentos, estupros, aplicação de ferros em brasa, todo o tipo de morte penosa, para finar lentamente, eram testados. Um anão, por exemplo, que tinha deficiência na coluna vertebral, foi dissecado vivo, para que os *cientistas* pudessem perceber qual a reação da criatura humana em uma experiência dessa natureza.

Ao lado, a câmara de gás, com os chuveiros semelhantes aos de banheiros coletivos, o chão inclinado para o esgoto, porque, no momento da morte por asfixia, os esfíncteres liberam seus líquidos e assim tudo ficava mais fácil. Os prisioneiros entravam sob o pretexto de tomarem banho, despiam-se em grupos, e quando era aberto o conduto de gás morriam com estertores inimagináveis. Ainda se podem ver os depósitos de ácido, para a reação química que levava o gás e, logo ao lado, os fornos crematórios, vários deles, as imensas camas onde eram colocados os cadáveres, para se introduzir e serem queimados. Como o gás líquido ficou muito caro, então utilizavam ácido sulfúrico, que também era caro, passando-se a sepultá-los ainda com vida, nas valas feitas com pás mecânicas.

Depois de peregrinar por Mauthausen, sai-se com a certeza de que isso não aconteceu – e aquele não era um campo de concentração dos mais terríveis! Sobibor e outros, na Polônia, na Alemanha, em várias cidades, à época da *solução final*, chegaram a matar milhões de pessoas.

O total é de seis milhões de vítimas! Quando se fala em seis milhões de pessoas não se tem ideia do que seja; então imaginemos toda a população de Salvador, todos reunidos e sendo assassinados sistematicamente, quase três vezes. Foi a *solução final* proposta por Hitler a Himler, que mandava praticar as maiores crueldades, mas, como era um homem muito sensível, nunca assistiu a uma morte, porque vomitava; então, não admitia que fizessem nenhuma perversidade diante dele. Em sua presença, os encarcerados eram obrigados a tocar violinos, apresentavam números de arte, bem vestidos, pois ali estavam grandes artistas europeus, que eram judeus.

Freud, Schweitzer e Einstein se salvaram porque fugiram ou estavam fora, pouco antes de serem aprisionados.

Himler, quando chegava, era recebido festivamente; preparavam-se banquetes faustosos para ele e sua camarilha.

Saímos de Mauthausen com a alma despedaçada, e até hoje as imagens estão vivas na mente. Dali a trezentos metros, num vale encantador, com um rio de águas preciosas, bangalôs de dois pisos, eram as residências onde viviam os assassinos, os gerentes, os administradores do campo, que se apresentavam gentilíssimos, amados na comunidade, pais extremosos que beijavam e acarinhavam os filhos; vizinhos simpáticos. Portanto, na cidade, ninguém podia imaginar o que estava acontecendo a menos de quinhentos metros. Viam, naturalmente, das chaminés saindo fumo vinte e quatro horas por dias, mas eles diziam que se tratava da queima de bagaços para combustível e, apesar do odor da carne humana, as pessoas não podiam conceber que fosse um extermínio geral.

Tudo isso nos chocou, principalmente pelo sentido de tragédia, de horror.

No ambiente da praça onde nos sentamos um pouco, Joanna de Ângelis escreveu uma mensagem que denominou como *Crueldade Inigualável*, que apresentamos à frente.

Na floresta de Katin, os russos fuzilaram quinze mil oficiais e soldados poloneses. Em Lídice, na Tchecoslováquia, e em Oradour, na França, as duas cidades foram simplesmente arrasadas e quase todos os habitantes fuzilados, somente porque os chefes das tropas nazistas resolveram matá-los; cercaram as cidades e dizimaram todos, com exceção de três pessoas (em Lídice), que conseguiram ficar sob os escombros – duas – e uma no campo da área destruída...

Mesmo agora, nos campos de refugiados do Líbano, vimos, há dois ou três anos, milhares deles serem assassinados, bem como os seus animais, sob a proteção dos exércitos de países chamados civilizados, em guerras que denotam a mesma selvageria humana.

Por que será que o homem pode ser tão cruel, e ao mesmo tempo tão gentil?

Perto de Mauthausen, Viena, a cidade da canção, da beleza, ainda é uma Viena triste. *Os Contos dos Bosques de Viena* ainda retratam as marcas da tragédia que acompanharam. E as águas do antigo *Danúbio Azul* ainda estão marcadas pelo sangue de milhares de pessoas. Mas, ainda há beleza – toda Viena é um monumento à arte, à grandeza: as suas catedrais, o seu teatro de ópera, o seu povo gentil que silenciou diante de todos esses crimes. Veem-se as marcas do antigo império austro-húngaro de tantas honras e de tantas misérias; as recordações do príncipe e da princesa de Metternich que muito contribuíram para a aliança franco-austríaca através da paz.

Por que será que o homem é tão impiedoso, e explodem essas guerras?

Porque ainda não tivemos a coragem de lutar contra as nossas paixões; porque ainda cultivamos as pequenas guerras; porque ainda mantemos as nossas pequenas violências, não nos dulcificamos interiormente, não deixamos que o amor nos tranquilize. Ainda temos desconfiança, deixamos que os *instintos agressivos*, como diz Joanna, *remanescentes do nosso estado primitivo, irrompam e, por qualquer motivo, permitimos que a animosidade nos torne selvagens e perversos*. Por qualquer razão ou sem ela, pelo ciúme, pela suspeita, pela mágoa – nos agredimos, nos detestamos, desejamos o mal, fazemos o mal, e nos tornamos maus.

Foi para mudar esse estado de coisas que veio Jesus. Dois mil anos de Cristo e uma pequena ceifa de luz. Cento e trinta e três anos de Doutrina Espírita e tão pouca colheita de paz em nossos corações. Será que nós, espíritas, temos deixado que a caridade nos abrase a alma e que o amor recomendado pelos Espíritos nos dulcifique os sentimentos? Dentro de nós estão vivas muitas Mauthausen. As feras ainda estão aí aguardando as vítimas inermes e esperando que por qualquer motivo as aprisionemos e deixemos que os cães ferozes das paixões as estraçalhem.

Esse assunto merece-nos muita reflexão, porque é fácil acusar o chefe de Estado, o policial, o partido político arbitrário; é muito fácil acusá-los de paranoia, de esquizofrenia; – e cada um de nós? Como é a nossa conduta em casa? Como agimos em relação ao próximo mais próximo de nós? Somos tolerantes? Somos benignos? Desculpamos o erro de alguém em relação a nós? Somos bons esposos, bons pais, bons irmãos, bons amigos?

Foi essa lição que ficou na minha mente desde 29 de maio de 1990. De alguma forma, a guerra que acabou lá fora necessita de acabar dentro de nós, pois que, só há uma guerra exterior, porque vivemos em conflito íntimo constante, e esses crimes somente são cometidos quando há uma adesão enorme de criminosos.

Um Ayatolá Komeini, um Hitler, um Stalin e outros, somente lograram seus tentames porque havia minis Komeinis, Hítleres, Stalins que, ao grito para o crime, aderiram em massa e cometeram atrocidades, esperando apenas a voz de comando.

Para que esses crimes saiam da Terra é necessário que comecemos em nós o trabalho de instalação do *Reino de Deus*, da piedade fraternal, da tolerância, da benignidade e do amor, para que crueldades como essas que aí estão na TV, em todo o instante, nunca mais.

Em Milão, logo depois do jogo (Copa do Mundo), torcedores dos países que perdiam quiseram destruir a cidade – uma cidade monumento, as estátuas do Duomo, as vitrines –, mostrando que em países supercivilizados ainda estão os estigmas da selvageria, na hora de uma competição desportiva. E hoje, a polícia se encontrava atenta por causa dos torcedores que se dirigiam ao estádio de futebol para mais uma partida, entre a Alemanha (se não me engano) e a Inglaterra. Os ânimos da selvageria, exaltados por um estímulo da alegria, transformam os indivíduos em novos *assassinos de Mauthausen*.

Que nós tenhamos a coragem de extirpar da alma essas feras, que são os *instintos agressivos*, as paixões inferiores, e instauremos o reinado de Jesus, quanto antes, para a nossa própria paz e para a construção de um mundo melhor.

5.1 Crueldade inigualável

Enquanto predominam os instintos agressivos no ser humano, remanescentes da animalidade primitiva, estiolam-se os sentimentos de dignidade e equilíbrio, irrompendo e sobrepondo-se à razão a crueldade, que atinge limites inconcebíveis, cada vez mais surpreendentes.

Sem que hajam desaparecido da História, periodicamente eles ressurgem no organismo social com virulência incontrolável, levando multidões à loucura e condenando vítimas que lhes tombam inermes conduzidas a holocaustos desesperadores.

Passam, assim, como celerados, impondo a força dos seus ideais apaixonados e reduzindo à penúria, à mutilação, à morte, mediante torturas indescritíveis, os que se lhes fazem cobaias para experiências macabras.

Paranoides irrecuperáveis apresentam-se com dicotomia da personalidade, passando da absoluta frieza com que cometem os crimes mais hediondos, à ternura comovedora, às lágrimas, ao afeto sensibilizador.

Experimentando medo incomum, tornam-se temidos e impiedosos, ocultando essa face mórbida que lhes constitui a realidade por meio do ódio e desprezo pelas demais criaturas, com total impassividade, dando largas à imaginação para a prática dos atos mais cruéis com os quais se comprazem.

Sem nenhuma escala de valores morais atingem o auge da alucinação, acreditando-se saudáveis e corretos, em razão de estarem a soldo do que supõem ser um dever de que se devem desobrigar com perfeição.

Para tal desiderato, suas mentes doentias elaboram métodos que produzem horror a todas as criaturas, menos àquelas que se movimentam em sintonia com as suas faixas psíquicas hediondas.

Fomentadores de guerras, por viverem em permanente conflito, nelas se destacam por facultarem lugar a todas as arbitrariedades de que se sentem com direito, instalando os regimes de exceção pela força, aplaudidos pelos símiles e pelos demais odiados, desse modo atendendo ao desmedido narcisismo.

Creem-se imbatíveis, imortais no corpo, fugindo a qualquer lampejo mental em torno da fragilidade orgânica de que são constituídos, e, quando tal lhes ocorre, mais se lhes aumenta a crueldade por sentirem-se incapazes de prosseguir para sempre nos desmandos a que se entregam covardemente.

Himler, o infame chefe das tropas S.S. da Gestapo, encarregadas do programa final, nos campos de concentração, que deveriam exterminar milhões de pessoas, não gostava de assistir as cenas de violência que recomendava, por ser muito sensível e ter o estômago delicado para suportá-las...

Josef Menguele, depois de atirar contra as paredes crianças de variadas idades, a fim de vê-las estertorar até a morte, no campo de extermínio onde realizava absur-

das experiências que chamava de médicas, no lar beijava os filhinhos com enlevo, como se fosse outro indivíduo...

Gêmeos eram estrangulados pelos seus sequazes à distância, a fim de testarem a possibilidade de serem transmitidos por meio não usual a percepção do pavor e do sofrimento entre eles separados.

Homens e cães ferozes lutavam diante desses opressores, sendo os primeiros estraçalhados pelas feras esfaimadas e treinadas para matar.

Torturadores técnicos e indiferentes, cada dia criavam novos métodos eficazes de morte lenta, a fim de se comprazerem; porém, todos eles, retornando ao lar e à família, à noite, eram pessoas gentis, sociáveis, bons vizinhos, amados pelos seus conhecidos.

A crueldade que explode na guerra está em potencial nos indivíduos que a exteriorizam quando as circunstâncias assim o permitem.

As vítimas polonesas das florestas de Katim assassinadas com crueldade comovem a atualidade.

O extermínio dos habitantes de cidades como Lídice e Oradour, que sequer sabiam a razão porque eram fuzilados em grupos sucessivos, provocam compaixão e retratam a irracionalidade dos que vivem pela força.

Os mortos recentes, nos campos de refugiados, na Palestina e no Líbano, despertam nos corações dores lancinantes.

Nenhuma guerra justifica a crueldade, nem mesmo ela sendo justificável. Assim, no futuro, impiedades tais, nunca mais!

Dia virá, no qual o silêncio dos holocaustos gritará aos ouvidos do homem sobre a necessidade de este abandonar o uso da força perversa, mudando de comportamento.

O Mártir da Cruz, desde há dois mil anos, por amor, perdoou os que O mataram, ensinando às vítimas dos tempos futuros, a partir de então, a fazer o mesmo.

Página sombria da História, que ainda se repete, há de desaparecer da Terra, em breve, e para que isto aconteça, unam-se todos os homens no amor e no respeito ao próximo, vencendo em definitivo as forças mentais perversas, geradoras da crueldade que a todos desgraça.

Joanna de Ângelis
(Mauthausen, Áustria, 29 de maio de 1990).

5.2 Rumores de guerra

Os campos de concentração estão silenciosos. Desertos. Quase cinquenta anos transcorreram desde o momento em que as suas nefandas e trágicas atividades foram suspensas. Em cada canto, as relíquias das torturas, preservadas pelos governos, contam a tragédia da Humanidade.

Um silêncio profundo e grave, pesado, envolve e contagia aqueles que visitam esses campos da dor humana, que caminham por entre os cômodos, estarrecidos, como que amedrontados até, como se fosse surgir, de súbito, por entre as relíquias da loucura, um dos carrascos de outrora. E um imenso respeito pelas vítimas do holocausto coletivo parece sobrepairar por toda parte.

As conversas são quase sussurros, para que não se perturbe o silêncio dos *mortos*.

Todavia, para ouvidos mais atentos e sensitivos, os lamentos, os gritos, o pranto desesperado das vítimas, ainda repercutem.

E para os olhos vigilantes e percucientes, o véu do passado se levanta, e os vultos esquálidos e sofridos surgem, preservados que estão nos arquivos da ambiência etérica, num estranho e crucial *videotape*, para que o ser humano finalmente aprenda a dolorosa lição.

Mas não apenas estes.

Desentranhados da lama das tumbas pervagam os *fantasmas* insepultos dos algozes, que retornam aos sítios onde exerceram seus cruéis instintos, agora à feição de loucos, vendo e ouvindo, participando, ainda, das execráveis cenas, e, como que sendo julgados por um invisível tribunal, que o de Nurenberg repete palidamente, visto que neste, do Plano espiritual, são os espectros das próprias vítimas os julgadores.

Os campos de concentração estão silenciosos. Desertos. Mas apenas no plano físico.

Do outro lado da vida, ainda não cessaram os ruídos de guerra, porque esta persiste enquanto o amor não luarizar a alma humana.

O campo de concentração de Mauthausen surge, então, à sensibilidade mediúnica de Divaldo, que o *sente*, captando as cenas cruciais ali vividas, como se a *fita desse vídeo do tempo estivesse sendo rebobinada lentamente...*

Muitas perguntas acorrem à mente do leitor ante a narrativa de Divaldo, algumas delas por ele mesmo formuladas no decorrer de sua exposição. Mas, a que prepondera em torno dessa imensa tragédia, página negra da História da Humanidade, que foi o morticínio de seis milhões de judeus, na Segunda Guerra Mundial, é uma questão fundamental: por quê?

Por que seis milhões de pessoas tiveram que passar por isso? O que teriam feito para merecer tal sofrimento? Por que a Justiça Divina permite tão hediondos crimes? Por que nascem e vivem, ao lado de outros seres humanos, Espíritos capazes de cometer tais monstruosidades?

Essas questões tocam em alguns pontos básicos da Doutrina Espírita e os abordaremos gradualmente.

5.3 Deus – a Lei Divina ou Natural

Premissa básica: já *sabemos* da existência de Deus, nosso Pai e Criador. Isto é, não apenas *cremos*, já não se trata de um artigo de fé, mas de certeza. Sabemos que Deus existe, porque criados por Ele, trazemos em nós o sinete divino. E por dedução lógica, racional, que ora o progresso intelectual nos faculta e que nos propicia uma compreensão, tanto mais dilatada e profunda, quanto mais se expande o raciocínio e o progresso espiritual.

Isto nos permite depreender a lógica dos ensinamentos que os instrutores espirituais transmitiram a Allan Kardec, dos quais ressaltamos, dentro deste item, consoante *O Livro dos Espíritos*, os atributos de Deus: eterno, infinito, imutável, imaterial, único, onipotente, soberanamente justo e bom (Questões 1 a 13).

Deus existe.

Crer é um estágio. Há uma transição do crer para o saber. É exatamente no despertar da fé que se ensaia o crer. A Doutrina Espírita nos possibilita a fé raciocinada. A crença, então, decorre de uma atitude inteligível, ação volitiva que impulsiona e perquire.

O *saber* deflui de algo mais profundo, e, nesse caso, específico, quando a consciência da condição de filho de Deus desperta no ser, eclode, advinda de um processo de maturação que o plenifica interiormente. Em consequência desse passo, também, a certeza da Lei Divina norteando o Universo se instala.

(Allan Kardec trata deste tema no capítulo I, concernente às *Leis Morais*, em *O Livro dos Espíritos*).

Léon Denis, em seu magistral livro *O Grande Enigma*, com sua brilhantíssima pena, assevera:

"O homem interroga a história da Terra; evoca a memória das multidões mortas, das gerações que repousam sob a poeira dos séculos; interroga a fé raciocinada dos sábios; e por toda a parte, acima das opiniões contraditórias e das polêmicas das escolas, acima das rivalidades de casta, de interesses e paixões, ele vê os transportes, as aspirações do pensamento humano para a Causa que vela, augusta e silenciosa, sob o véu misterioso das coisas.

"Em todos os tempos e em todos os meios, a queixa humana sobe para esse Espírito Divino, para essa Alma do mundo que se honra sob nomes diversos, mas que sob tantas denominações: Providência, Grande Arquiteto, Ser Supremo, Pai Celeste, é sempre o Centro, a Lei, a Razão Universal, em que o mundo se conhece e se possui, encontra a sua consciência e seu eu."

5.4 A Justiça Divina

São muitas as afirmativas do tipo: "A justiça de Deus tarda, mas não falha"; "Deus é justo e ele há de pagar pelo que fez", etc. Sim, a Justiça Divina age com perfeição. Não falha, não falta. Entretanto, não age à feição de castigo ou prêmio, nem de privilégios, favores ou trocas.

Muitos entendem os sofrimentos humanos como um castigo divino que alcança a criatura em diferentes pontos de sua romagem terrena, podendo atuar desde o berço, aos primeiros vagidos de recém-nascido, até a morte, em períodos e intensidades variáveis. Para estes, Deus é um Pai com paixões humanas, pois se aborrece, fica triste ou alegre, distribui prêmios ou castigos e se enche de ira ou esplende de amor, de acordo com as circunstâncias. Nesse caso, o *humor divino* fica na dependência do livre-arbítrio do ser humano, do seu comportamento bom ou mau.

Em outros casos, segundo o conceito de certas pessoas, as más ações cometidas por alguém podem alcançar gerações seguintes como castigo, no qual os filhos e descendentes pagam pelos erros dos pais. E um pecado bem mais antigo, pelo qual os homens pagam até hoje, é – segundo a crença – o *pecado original* cometido por Adão e Eva.

Percebe-se que tais crenças acerca de Deus e de Sua Justiça variam conforme o desenvolvimento e maturidade intelectual e espiritual da própria Humanidade. Para as almas infantis, Deus tem que ser, necessariamente, um Pai vingador, um justiceiro implacável que persegue inflexivelmente os filhos, a ponto de condená-los ou absolvê-los, para um inferno eterno ou para um lugar junto aos eleitos no Reino Celestial para todos os evos.

A visão espírita da Justiça Divina, todavia, é bem outra.

O Livro dos Espíritos, se observado em seu conjunto, é todo um tratado que evidencia o perfeito mecanismo das Leis que regem o Universo e a Humanidade cósmica e, por excelência, apresenta a Justiça Divina a promover a evolução do ser humano.

Desde a parte primeira em que trata *das Causas primárias*, e o capítulo I apresentando uma nova concepção acerca de Deus, até a última pergunta, a de número 1019, vemos o perfeito encadeamento dos estágios evolutivos, a *espiral evolutiva* a que Léon Denis se refere, onde se refletem o amor e a misericórdia de Deus, a proporcionar ao ser humano o progresso, o burilamento do Espírito, através dos tempos, que se realiza sob a própria responsabilidade individual de cada um.

A partir do instante em que o ser humano ensaia os passos iniciais em sua trajetória imortal, nascendo e renascendo em diferentes mundos, acumulando experiências, amando, odiando, sofrendo ou conhecendo os primeiros momentos de felicidade, até atingir a condição de Espírito Superior e daí *ad infinitum*, o que o Espiritismo demonstra é exatamente a Perfeita Justiça do Pai do Céu, que sendo *Justa e Perfeita* são-lhe inerentes o Amor e a Misericórdia. E, por isso mesmo, confere ao ser humano, filho de Deus, a liberdade de escolher o seu próprio destino, de escrever a sua própria história, a princípio, nas primeiras encarnações, em mundos primitivos, tendo o uso desse livre-arbítrio menor expansão e, é evidente, com menor responsabilidade. À medida que amadurece, acumulando experiências, adquire cada vez mais conhecimentos, e mais responsável se torna o Espírito pelas suas ações. Por isso é que se diz que *o homem é herdeiro de si mesmo.*

Allan Kardec desdobra e aprofunda a importante questão da Justiça Divina em um livro especial, intitulado *O Céu e o Inferno* – ou a *Justiça Divina Segundo o Espiritismo.* Nessa obra ressaltamos, como de maior relevância para aprofundamento desse tema, o capítulo VII da primeira parte, As *penas futuras segundo o Espiritismo* e, dentro deste capítulo, o item *Código Penal da Vida Futura.*

Em *O Livro dos Espíritos*, o assunto em pauta está especificado no capítulo XI, da terceira parte que trata das *Leis Morais*, sob o título: *Da Lei de Justiça, de Amor e de Caridade*, e também em toda a quarta parte.

5.5 O Bem e o Mal

Crimes? Por que tantos? Por que o ser humano é capaz de cometê-los?

Hoje, boa parte da Humanidade se horroriza ante os crimes, as atrocidades, os atos de crueldade. Já entende que se não deve combater a violência com outra.

O princípio de *não violência* pregado e exemplificado por Jesus, Francisco de Assis, Gandhi, etc., a pouco e pouco vai sendo assimilado por essa parcela da Humanidade mais amadurecida espiritualmente.

Mas, ainda assim, os crimes hediondos continuam ocorrendo.

É a evidência de que *a natureza animal ainda predomina sobre a natureza espiritual do ser humano.*

É a momentânea prevalência do Mal sobre o Bem.

"O Bem é tudo o que é conforme à Lei de Deus; o Mal tudo o que lhe é contrário." (L.E. q. 630)

Quando o Bem está ausente, o Mal se instala.

O Mal só existe quando o homem *está* mau. O Bem toma forma quando o homem é bom. O Mal é transitório; o Bem é permanente.

Sendo Deus soberanamente justo, bom e perfeito, não poderia ter criado o Mal. Também este não é atributo de um ser especial, cujo nome pode ser Satanás ou qualquer outro, que fizesse frente ao Criador, medindo forças eternamente. O Mal é a medida da nossa inferioridade.

Pelo nosso atraso evolutivo, agredimos a Divina Lei, gerando com o nosso mal uma consequente reação dolorosa inevitável.

A imperfeição do homem se traduz, muita vez, em atos violentos, cruéis. Isto gera a infelicidade para si mesmo e ao seu redor.

Em *A Gênese*, Allan Kardec esclarece:

(...) "o mal é a ausência do bem, como o frio é a ausência do calor. (...) Deus somente quer o bem; só do homem procede o mal. Se na criação houvesse um ser preposto ao mal, ninguém o poderia evitar; mas tendo o homem a causa do mal em *si mesmo* (grifo no original), tendo simultaneamente o livre-arbítrio e por guia as Leis Divinas, evitá-lo-á sempre que o queira."

O homem, apesar da sua origem espiritual, da sua condição de Espírito encarnado momentaneamente no planeta Terra, deixa, a mais das vezes e no uso de seu livre-arbítrio, que prevaleça a sua natureza animal, que passa a guiá-lo em suas atitudes e comportamento.

Se nas condições mais primitivas o homem abate outro homem a golpes de lança, na civilização moderna, com o avanço tecnológico, ele o faz com mísseis teleguiados que dizimam cidades e populações. Sem falar nas armas químicas, nas bombas nucleares, que elevam a crueldade a níveis de catástrofes de proporções inimagináveis.

5.6 Mundo de expiações e de provas

"A Terra pertence à categoria dos mundos de expiação e provas, razão por que aí vive o homem a braços com tantas misérias."

Allan Kardec (E.S.E. c. III it. 4).

É importante que façamos agora algumas reflexões com base nas palavras de Allan Kardec e nas instruções dos benfeitores espirituais, para melhor situarmos a posição evolutiva do nosso planeta.

Em *A Gênese*, o mestre lionês enfatiza:

"Hoje, não são mais as entranhas do planeta que se agitam: são as da Humanidade."

Emmanuel, por sua vez, aduz:

"Assim também a Terra, com seu corpo ciclópico arrasta, na infinita paisagem cósmica, o ambiente espiritual de seus filhos." (*Roteiro*, cap. 29)

E acrescenta:

"A Humanidade atual, em seu aspecto coletivo, considerada mentalmente, ainda é a floresta escura, povoada de monstruosidades.

"Se nos fundamentos evolutivos da organização planetária encontramos os animais pré-históricos, oferecendo a predominância do peso e da ferocidade sobre quaisquer outras características, nos alicerces da civilização do Espírito ainda perseveram os grandes monstros do pensamento, constituídos por energias fluídicas, emanadas dos centros de inteligência que lhes oferecem origem.

"Temos, assim, dominando ainda a formação sentimental do mundo, os mamutes da ignorância, os megatérios da usura, os iguanodontes da vaidade, ou os dinossauros da vingança, da barbárie, da inveja ou da ira." (Obra cit. c.30)

Em abril de 1981, escrevemos na revista *O Médium,* de Juiz de Fora (MG) uma página que intitulamos *Os Monstros do Pensamento*, transcrita, depois, em maio de 1983 em *Reformador*, na qual comentamos esse trecho de Emmanuel que acabamos de citar. Vejamos uma pequena parte do nosso comentário:

"Quando tanta gente pensa unicamente nas satisfações dos instintos mais primitivos do ser humano; quando tanta gente quer ser livre, escravizando outros seres humanos às suas ambições desmedidas; quando tanta gente dedica horas e horas de seu dia para conversações negativas e degradantes; quando tanta gente batalha pela legalização do *aborto*, da *eutanásia* e da *pena de morte*, não é difícil entender porque Emmanuel diz que no mundo *ainda perseveram os grandes monstros do pensamento*." (grifos no original)

Em outro momento, Emmanuel esclarece, ainda no precioso livro *Roteiro*:

"Cada individualidade renasce em ligação com os centros de vida invisível do qual procede, e continuará, de modo geral, a ser instrumento do conjunto em que mantém suas concepções e seus pensamentos habituais." (Cap. 27)

Ao analisarmos a crueldade inigualável cometida contra milhões de pessoas à época da Segunda Grande Guerra, nosso íntimo se revolta, repudia e rejeita essas atrocidades praticadas, desde os terríveis campos de concentração até as cidades, com seus indefesos habitantes de todas as faixas etárias, dizimadas por bombas, culminando com as explosões dos artefatos atômicos em Hiroshima e Nagasaki.

Os campos de concentração são preservados como testemunhos vivos de todo aquele horror.

Hoje, todavia, não é diferente.

Existem ainda verdadeiros campos de concentração em plena atividade, onde não há demarcações, cercas eletrificadas, soldados nazistas como vigias implacáveis, fornos crematórios, valas com montanhas de cadáveres e instrumentos de tortura da época – e sim, extensas regiões de países onde a fome e miséria matam da mesma forma; onde as pestes são favorecidas pela promiscuidade; clínicas de subúrbios ou as de sofisticadas metrópoles onde o aborto criminoso e silencioso é praticado em escala incontável; grupos de extermínio que se encarregam de trucidar os seres humanos, desde crianças a velhos; cartéis de tráfico de drogas e de prostituição; milhões de seres humanos morrendo, logo após nascerem, por lhes faltarem as mínimas condições de sobrevivência – e um sem-número de outras histórias de guerra, que muitos escrevem na sua própria história pessoal e que passam às ocultas do mundo, sendo, contudo, registradas no implacável e justo livro das Divinas Leis.

Os filmes e livros policiais ou de terror narram, com minúcias, todo esse terrífico quadro, sendo apreciados por plateias numerosas em todos os países, quanto mais sangrentos e repugnantes forem.

O ser humano convive com a crueldade que pode estar sendo praticada ao seu lado, oculta apenas por uma parede, ou num automóvel, numa esquina qualquer, num terreno baldio, em sua rua, em sua cidade, em seu planeta Terra.

Isto sem falar nas outras modalidades em que a crueldade se manifesta, bem mais sutis, porém, não menos danosas, evidenciando que a *guerra* existe, mesmo onde se proclama que é *tempo de paz*.

Há muito tempo, entretanto, a Humanidade sabe o caminho e conhece a saída para tais situações de dor e de miséria.

O próprio estado de crueldade no íntimo de uma pessoa denota a sua profunda miséria moral.

O ser cruel está numa situação de miserabilidade espiritual.

A miséria física é o retrato da nossa miséria íntima, moral, espiritual.

Já é tempo de nos perguntarmos: até quando? Já é tempo de entendermos que depende de nós a mudança desse estado das coisas. Eis por que Léon Denis ensina:

"A Lei de Justiça, não sendo mais que a resultante dos atos, o encadeamento dos efeitos e das causas, explica-nos por que tantos males afligem a Humanidade. A história da Terra é uma urdidura de homicídios e iniquidades. Ora, todos esses séculos ensanguentados, todas essas existências de desordens, reúnem-se na vida presente como afluentes no leito de um rio. Os Espíritos que compõem a sociedade atual nada mais são que os homens de outrora, que vieram sofrer as consequências de suas vidas anteriores, com as responsabilidades daí provenientes. Formada de tais elementos, como poderia a Humanidade viver feliz? As gerações são solidárias através dos tempos; vapores de suas paixões envolvem-nas até ficarem completamente purificadas."

E complementa Denis:

"Essa consideração faz-nos sentir, mais intensamente ainda, a necessidade de melhorar o meio social, esclarecendo os nossos semelhantes sobre a causa dos males comuns e criando em torno de nós, por esforços coletivos, uma atmosfera mais sã e pura. Enfim, o homem dever aprender a medir o alcance de seus atos, a extensão de sua responsabilidade, a sacudir essa indiferença que fecunda as misérias sociais e envenena moralmente este planeta, onde, talvez, tenha de renascer muitas vezes." (*in Depois da Morte* – FEB)

Por todas essas razões, Joanna escreve através de Divaldo, a mensagem *Crueldade Inigualável*, na qual, no trecho final, enfatiza o exemplo de Jesus, conclamando no último parágrafo: (...) "unam-se todos os homens no amor e no respeito ao próximo, vencendo em definitivo as forças mentais perversas, geradoras da crueldade que a todos desgraça."

5.7 Primavera em Praga

Raramente consultadas antes das grandes decisões dos estadistas mundiais, as lições da História permanecem esquecidas, quando poderiam contribuir eficazmente para aproximar os homens, traçar rumos de progresso para as nações e facultar o respeito mútuo entre os governantes dos povos. Em todas as épocas, à grandeza dos impérios que pareciam poderosos suficientemente para vencer os milênios, sucederam a degradação, a decadência, o seu parcial ou total desaparecimento.

Os seus exércitos, dominadores quão cruéis, que deixaram pegadas sanguinolentas por onde passaram sob as vozes tonitroantes dos comandantes perversos e arbitrários, vitoriosos por um dia, foram dizimados pelas pestes, por outros guerreiros mais impiedosos ou pela marcha implacável do tempo.

Imperadores desalmados, títeres insaciáveis, ditadores esquizofrênicos, campeões da insensatez e do ódio, foram obrigados pela morte a deixar o proscênio terrestre, ficando reduzidos a pó...

As suas tubas e tambores, passos e gritos guerreiros silenciaram na boca devoradora do tempo. Só a memória horrenda das suas bacanais e atrocidades, ou os monumentos em ruína que lhes atestaram o poder transitório, permaneceram, não eles.

As cidades famosas que foram erguidas então, hoje dormem o sono do esquecimento, cobertas de cinza, areia, ou sob as águas dos oceanos que as tragaram.

Nada ou quase nada ficou, que demonstre a vaidade do absolutismo do poder, da hegemonia perturbadora, da ilusão belicosa.

Atenas, a lírica, sobreviveu a Esparta, a guerreira.

Jesus superou Tibério César.

O amor venceu o ódio.

Infelizmente, ainda remanescem, nos estreitos horizontes do mundo, a ilusão da governança absoluta, e muitos sonhadores ambicionam pela chefia da Terra, vendo os seus anelos transformar-se em pesadelos hediondos.

São dos nossos dias a loucura do III Reich e as aberrações do nazismo; a dominação do leste europeu e parte da Ásia, mediante invasões e anexações horrendas do novo Império Soviético; Hitler esquizoide e Stalin paranoico matando dezenas de milhões de pessoas asselvajados e frios...

A liberdade, no entanto, lentamente desmonta do seu dorso os usurpadores que a queiram submeter, e, aliada à morte, retira-lhes as rédeas do poder mentiroso, condenando-os ao desprezo internacional...

Jazem, como páginas lúgubres da infância e do horror humano, a falarem da dimensão incomum da loucura e das paixões desenfreadas, ainda vigentes na Terra.

Esses líderes das sombras, assassinados uns, suicidas outros ou escravizados os restantes, mais tarde, conforme o fizeram com os seus vencidos, volvem à Erraticidade inferior de onde procederam, atraídas que foram, à Terra, pelas vibrações de desequilíbrio dos seus habitantes.

Semeadores do medo e do horror estancam a marcha do progresso, que agora retorna, após a sua estância infeliz, abrindo os novos dias com a esperança e a fé.

A restauração se faz inevitável e o amor entrelaça os corações.

As trevas que remanescem, e as sequelas que ficam, servem de episódios oportunos para que não sejam esquecidas as temporadas sinistras ora desaparecidas.

A destruição do muro de Berlim, *o rompimento da cortina de ferro, a abertura dos campos de trabalhos forçados, a libertação dos pacientes políticos, internados em hospitais e clínicas psiquiátricas para os enlouquece-*

rem, são um grande passo, decisivo e histórico, para que se rompam as algemas que escravizam ao vício, às aberrações, aos crimes. Constituem um apelo de urgência para que sejam diluídas as cortinas do preconceito que separa os indivíduos, e desintegradas as paredes vibratórias do ódio, da perversidade, que impedem a instalação da felicidade nos corações.

É necessário que a primavera faça reverdecer o deserto, e o clima tépido do amor envolva todas as vidas restaurando nelas o sentimento de humanidade e as lídimas, profundas emoções cristãs.

Quando as lições da História forem meditadas, as guerras não mais se darão.

O Espiritismo, face à sua estrutura privilegiada como Ciência, Filosofia e Religião, igualmente chega acenando com a possível felicidade para os que sofreram, restaurando a fé naqueles que a viram fenecer e concitando à ação, mediante a crença racional, as pessoas que, apaixonadas e tristes, aspiram por desforço, prosseguem com rancor ou resolveram pela opção materialista que nada tem a oferecer.

Ao lado das aberturas políticas se dá o reinício da Era do Espírito, para solucionar os grandiosos problemas do homem.

Joanna de Ângelis
(Praga, Tchecoslováquia, 2 de junho de 1990).

5.8 Ante os tempos novos

Em todos os tempos tem sido conveniente aos governantes do mundo, aos detentores do poder, que os seres humanos se mantenham ignorando a verdade e não pensando por si próprios. Aprender a pensar, despertar a consciência, ter contato com a realidade, discernir e optar têm sido, sistematicamente, dificultados em todos os níveis do conhecimento humano.

Para manter a ignorância oferecia-se ao povo *pão e circo*, em Roma antiga, distraindo-o e satisfazendo apenas as suas necessidades básicas que, saciadas, mantinham-no acomodado e apático.

Por outro lado, a manipulação da vontade popular sempre foi recurso de sustentação do *status quo*.

A história das civilizações comprova isto. Tais manipulações de consciências passam por lutas sanguinárias, infâmias e crueldades políticas e religiosas, perseguições implacáveis, crimes bárbaros, destruição em vários níveis, atestando que o homem progride intelectualmente, mas, ainda hoje, é o mesmo que armou o braço de Brutos contra César, que, naquele momento, representava mais de uma dezena de senadores que desejavam a sua morte, ou os que urdiram a trama hedionda que condenou Jesus e absolveu um ladrão vulgar...

Caminha a Humanidade, desdobram-se os séculos e milênios, e o modelo se repete com frequência estarrecedora.

As guerras têm sido mantidas porque são lucrativas para muitos poderosos.

A miséria física e moral não deve ser extirpada porque convém a certos grupos que se locupletam de várias formas com a sua existência, extraviando os recursos destinados a minimizá-la.

O progresso tecnológico alçou o homem a um poder ainda maior, porém, cada vez mais, permanece restrito às nações extremamente ricas, ampliando a distância entre estas e as pobres.

Albert Schweitzer, ao receber o Prêmio Nobel da Paz, em Oslo, em 1952, desafiou o mundo "a ousar enfrentar a situação... O homem tornou-se um super-homem... mas super-homem com poderes sobre-humanos que não atingiu o nível de razão super-humana. Na medida em que aumentam seus poderes, ele se torna um homem cada vez mais pobre... Impõe-se sacudir nossa consciência ao fato de que nos tornamos tanto mais desumanos quanto mais nos convertemos em super-homens."

Por outro lado, enquanto o poder dos poderosos se intensifica, mais necessário se faz enfraquecer a vontade do povo, mantê-lo distraído, alheio, acomodado, ainda que, para isto, a miséria social e moral campeie, porque só assim o tecido social se esgarça cada vez mais, um pouco ou nada oferecendo de resistência, defesa ou iniciativa quaisquer que sejam.

No campo religioso não é outro o panorama. Desde os tempos imemoriais até os nossos dias.

Atualmente proliferam as novas seitas, as religiões de última hora, que prometem a salvação das milhões de almas crédulas, que preferem deixar ao pastor o duro encargo de pensar e de encontrar, para cada uma, o caminho da salvação eterna.

Emmanuel, no notável prefácio do livro de André Luiz, *Missionários da Luz*, enfoca, em admirável síntese, toda a dramática fuga do ser humano quando se trata da sua autoconscientização. E alerta para a magnitude da missão do Espiritismo, dizendo:

"Ao Espiritismo cristão cabe, atualmente, no mundo, grandiosa e sublime tarefa."

"Não basta definir-lhe as características veneráveis de Consolador da Humanidade, é preciso, também, revelar-lhe a feição de movimento libertador de consciências e corações."

A libertação é exatamente o tema da belíssima página de Joanna de Ângelis, *Primavera em Praga*.

Sob os escombros dos governos tiranos, autênticos líderes das sombras que a morte colhe em sua marcha inexorável, paira agora um grande silêncio.

O clamor das vítimas se cala.

Perplexos, os que foram alvo do poder ensandecido, assistem o fim do absolutismo.

E Joanna enfatiza:

"A liberdade, no entanto, lentamente desmonta do seu dorso os usurpadores que a queiram submeter, e, aliada à morte, retira-lhes as rédeas do poder mentiroso, condenando-os ao desprezo internacional..."

E em meio à perplexidade da libertação eclode a primavera!

A imagem que a autora espiritual apresenta traz-nos à mente a ideia de um novo tempo. E é essa, exatamente a sua proposta.

Um novo hausto: a liberdade!

Há primavera.

E o Espiritismo "chega acenando com a possível felicidade para os que sofreram..."

Vale lembrar que esta página foi psicografada por Divaldo, em Praga, onde o médium se encontrava na tarefa de pregação doutrinária.

Assim, a Doutrina Espírita apresenta uma proposta nova para que a liberdade que se instala, com o fim do poder tirano, transforme-se em algo ainda maior: a libertação da consciência.

Não se deve perder de vista que Divaldo narra, páginas atrás, todo o autêntico labor missionário de Vlado e sua equipe, que representa o início da semeadura de luz para aquelas paragens.

Vlado sonha com um novo tempo. E age, para que ele aconteça. Não apenas sonha. Entra em ação lançando as balizas para um novo reino.

Divaldo chega. E a primavera que se instala no Plano espiritual responde a terra em flores, para que o perfume da liberdade se evole inebriando de felicidade Vlado e seus companheiros, e todos os que sofreram os danos da opressão e da miséria moral.

Ante os tempos novos, que o ser humano aprenda a alçar o voo da liberdade plena.

5.9 Ante a sementeira

Os seres humanos podem ser considerados terrenos de variados matizes com aspectos próprios.

Solos abençoados uns, propícios à sementeira iluminativa; áridos outros, sem recursos de apoio aos grãos que recebem; semiférteis, os demais, que aceitam a vida em germe e a deixam morrer depois.

Alguns parecem possuir todas as características para uma boa semeação, mas, utilizados, recusam-se e não respondem favoravelmente à tentativa de produzir.

Vários surgem como promessas formosas, porém qualquer dificuldade faz que feneçam, as plântulas em desenvolvimento.

Há aqueles que se apresentam com aspecto sombrio, selvagem, e, não obstante, porque virgens, agasalham a oportunidade e correspondem ao trabalho de forma vantajosa, multiplicada.

Jesus usou, na parábola do semeador, *esta ímpar imagem, e enriqueceu todos os homens com reflexões profundas, insuperáveis.*

Seja, porém, qual for o solo que se te apresente, não receies semear. De acordo com a sua feição toma de cuidados correspondentes, a fim de que não desperdices tempo nem sementes. Todavia, mesmo ante a incerteza de como procederes diante da sua adustez e aparência sáfara, toma a feliz decisão de semear, e os resultados serão da Vida, não teus. Jamais te arrependerás por havê-lo feito. No entanto, sempre te ficará a frustração, a dúvida, se não houveres tentado.

Os desafios da existência humana são convites a experiências que resultem em aprendizagem útil para o incessante progresso.

Desse modo, por acomodação ou inépcia, nunca te recuses à tentativa edificante.

Ninguém pode prever resultados, especialmente se não experimentar a ocasião de produzir.

Os mais extraordinários êxitos, assim como as colheitas mais abundantes, são resultados das repetições que ensejaram os métodos mais eficazes para tais rendimentos.

Quem se exime à luta, já perdeu excelente oportunidade de vitória. E mesmo que, no tentame, defronte uma derrota, esta se converterá em ensinamento a res-

peito de como se não deve fazer o trabalho, portanto, de efeito positivo.

❖

Na área dos sentimentos humanos há uma equivalência de atitudes.

Terrenos existem que facultam a fecundação das sementes boas, ao mesmo tempo, o das ervas daninhas. O bom agricultor, porém, arranca as últimas, preservando as saudáveis.

Igualmente, há pessoas que acolhem a mensagem do bem, sem que se libertem das paixões dissolventes e dos vícios nos quais se anestesiam e exaurem.

Pacientemente, prossegue semeando e ajudando na erradicação dos fatores negativos, e os resultados se te farão compensadores.

❖

Não te queixes de dificuldades junto às criaturas em quem a dor estiolou a alegria, a crueldade eliminou o riso e a perseguição extinguiu a fé e a confiança no gênero humano.

Este ser agressivo e de aparência rude, irônico e quase insensível, que te recusa, é como o solo coberto de espinhos e pedregulhos que aguarda carinhoso trato para apresentar a face produtiva que está escondida.

Esse que te despreza e escarnece do que chama de ingênuo em ti, como terra desértica, calcinada que, corrigida com adubo especial, abre-se feliz para tornar-se celeiro fecundo. Também esse coração necessita dos teus sentimentos afáveis, para mimetizar-se com a tua vibração, alterando a própria face e produzindo para o bem.

Não há solo inútil; mas sim, intratado.

Não existe, da mesma forma, ninguém que permaneça infenso ao amor.

Semeia-o, em nome de Jesus, e deixa que a tua fé espírita transforme essa terra adusta em paisagem produtiva e feliz, com que o futuro brindará a Humanidade.

Joanna de Ângelis
(Praga, Tchecoslováquia, 3 de junho de 1990).

5.9.1 O semeador

Semear sem olhar o terreno, sem se preocupar com os resultados.

Semear pelo próprio gosto da realização.

Semear com plena consciência de que a colheita vem a seu tempo.

Semear, por amor, o amor, para que esse sentimento seja o adubo ideal que transformará os solos áridos, estiolados, em terrenos férteis que venham a reverdecer e frutificar um dia.

Semear como o faz Divaldo, há mais de quatro décadas.

Ele é bem o exemplo do semeador moderno, que vive o seu tempo e revive o ensinamento legado por Jesus há dois mil anos.

Para alcançar o solo dos corações humanos ele viaja distâncias, não apenas as que são registradas pelos cálculos terrestres, mas as distâncias metafísicas, não mensuráveis, que só se percorrem pelas vias do amor e do bem.

E atende assim ao convite do Cristo.

Semeador. Sementes.

Divaldo e as palavras de vida eterna. A promessa do reino intemporal que existe em cada um e que ele ensina como conquistar. A verdade que é luz e é grão, semente, lúculas que o seu verbo abençoado semeia.

Mas não somente falar, não somente cantar a balada de seu amor à Humanidade, mas também fazer-se *carta viva* do Evangelho, exemplo digno de tudo o que prega, sendo ele próprio árvore frondosa a produzir frutos sazonados e opimos, que alimentam a alma e são esperanças permanentes de novas sementeiras a se expandirem, em fantástico processo de fecundação espiritual, renascendo sempre na transcendência do tempo que há de vir.

Divaldo percorre o mundo e semeia infatigavelmente.

Pode-se imaginar qual o resultado desse labor?

Pode-se avaliar a colheita?

Por certo, ele, psiquicamente, *vê* as planícies verdejantes, *vê* o trigo crescendo nos campos e que já estão branqueando, prontos para a sega.

E em cada um de seus passos, nesse roteiro de luz, ele encontra, nas voltas que a vida propicia, a *terra* na ânsia da espera. Aumentam as multidões a cada dia, e muitos chegam na expectativa de receberem a palavra de Vida Maior de que ele se fez arauto.

São as ânsias e as agonias do ser humano, exausto de tantos desencontros e desencantos.

É a busca sôfrega de quem recorre à última porta.

É o bater do coração que se exauriu nas lutas e que as lágrimas banharam de puro desespero.

E ele os enxerga a todos. Pressente-lhes as dores nas fisionomias que o fitam atentamente; sente-lhes o pulsar dos corações em ritmo de esperança; descobre em cada olhar a expressão da vida em busca da razão de ser.

Por isso fala! Semeia! Rege as emoções, pacifica os sentimentos, nutre as almas, enternece e comove!

O semeador sai a semear.

E a sinfonia majestosa e transcendente e ganha os espaços, expande-se na amplidão e repercute nos Planos Superiores da Vida, para que se instale, em definitivo, o reino de Deus nos corações humanos.

5.9.2 Patologias mentais e obsessão

"Os transtornos psíquicos são mais perigosos do que as epidemias e terremotos."

C.G. Jung (In Psicologia e Religião)

Joanna de Ângelis, em algumas das mensagens deste livro, menciona certos distúrbios psíquicos, para explicar determinados comportamentos de figuras da história que se celebrizaram de forma trágica por atos de crueldade, de tirania, de crimes nefastos.

Achamos oportuno ressaltá-los, para se ter uma ideia mais precisa dessas personalidades.

A autora espiritual menciona os termos paranoide, paranoico, esquizoide e esquizofrenia.

É bastante significativo que a década de noventa tenha sido declarada *A Década do Cérebro* pelo presidente e Congresso norte-americanos, pois com a intensificação das pesquisas, aos poucos, estão sendo desvendados pontos importantes sobre distúrbio bipolar, esquizofrenia, síndrome do pânico e outros distúrbios mentais.

Do ponto de vista psicanalítico, a enfermidade mental consiste em uma dissociação da mente do paciente e dos conflitos psicológicos daí resultantes. O objetivo da psicanálise seria o de reunificar a vida mental, trazendo o conflito do inconsciente para a consciência.

Rollo May, analisando, por exemplo, a questão das neuroses, afirma que a pessoa neurótica sofre um colapso na unidade das suas funções mentais[6] e o que se busca é orientá-la para um ajustamento mais efetivo, que virá acompanhado de um estado de nova unidade, o que constitui um passo no processo de cura. Todavia, compreende-se que uma unidade final da personalidade humana é impossível e indesejável, pois a personalidade nunca é estática. Ela é viva, em constante mutação, variável, dinâmica. Então o que se almeja é um ajustamento novo e construtivo de tensões.

A origem dos problemas de personalidade é uma falta de ajustamento das tensões dentro da personalidade – esclarece Rollo May.

A falta de ajustamento das tensões dentro da personalidade pode manifestar-se sob vasta sintomatologia, indo desde a timidez, ansiedade, angústia, fobias, depressão, até desaguar nas neuroses, psicoses e outros transtornos psíquicos graves.

Os especialistas na área da saúde mental, em geral, classificam as distonias mentais em dois ou três grupos principais. As divergências ocorrem em razão de não existirem quadros clínicos bem definidos, mas, sim, variável interpenetração sintomática. Ocorrem formas associadas, sintomas oscilantes e fronteiras de difícil demarcação.

Estas informações foram colhidas do livro *Visão Espírita nas Distonias Mentais*, do estimado psiquiatra, escritor e expositor espírita, Dr. Jorge Andréa. Nesta obra ele classifica os distúrbios mentais em três grupos

---

[6] *A Arte do Aconselhamento Psicológico* – Ed. Vozes (nota da autora).

básicos, ou sejam: os neuróticos, as personalidades psicopáticas e os psicóticos.

Referindo-se especificamente às personalidades psicopáticas esclarece:

"As personalidades psicopáticas, pelo EU desarmonizado, comumente apresentam defeitos de personalidade (...). Nos casos mais graves, podem tornar-se violentos, perigosos e criminosos, tal qual acontece com os que carregam intensos bloqueios afetivos refletidos em taras de variada natureza; nestas condições passam a ser fronteiriços e com tendência psicótica.

"Nas psicoses – prossegue – existirão os grandes desvios mentais com perda da realidade e sem capacidade de direcionamento próprio. Alguns não se consideram doentes e vão externando conduta excêntrica, podendo alcançar certos graus de periculosidade."

Citando a personalidade paranoide, que faz parte do grupo das psicopáticas, ressalta:

"São indivíduos que oscilam entre a suposição de hostilidade contra a sua pessoa e a existência de franca perseguição. Algumas vezes, pela exaltação dos pensamentos, podem apresentar-se com mania de grandeza, o que os torna mentirosos e desacreditados."

No quadro das psicoses, encontra-se a esquizofrenia.

Psicose – Designa um distúrbio mental mais grave, que inclui profundos comprometimentos psicológicos, expressando sérias lesões psíquicas.

A personalidade esquizoide caracteriza-se pela frieza e extrema dificuldade de relacionamento interpessoal. Presença de fantasias delirantes que podem estar ou não associadas a ideias persecutórias.

Nos casos mais graves podem ocorrer severos distúrbios de personalidade, havendo bloqueio afetivo, o que torna o indivíduo traiçoeiro e perigoso.

Observa-se que as personalidades históricas, ou os exemplos a que Joanna de Ângelis refere-se, são os casos extremos denotando Espíritos altamente desequilibrados.

O que fica bem evidenciado é que, na maioria, existe o processo obsessivo agravando ainda mais a enfermidade mental existente. São Espíritos enfermos, reencarnados, obsidiados por outros de idêntica ou pior condição espiritual.

A sintomatologia da obsessão, como é evidente, mescla-se com os distúrbios psíquicos, mesmo porque, esta pode ser a geratriz de todo o quadro de patologia mental, que, perdurando, levaria o indivíduo a uma profunda desestruturação psíquica.

Todo esse processo, no seu conjunto, é de difícil avaliação, inclusive porque mais duas outras situações devem ser levadas em conta: Espíritos de nível inferior (reencarnados), com instintos agressivos acentuados, que estejam em sintonia com as faixas que lhe são afins; também pode acontecer que o reencarne trazendo do Plano espiritual inferior, onde se situava, intrincados processos obsessivos, cujas sequelas venham a desestruturá-lo na atual existência, agravadas pela presença dos obsessores. São casos graves, que desde a infância se arrastam pela vida afora.

Isto nos faz recordar algumas afirmativas de Emmanuel:

"Todo berço de agora retrata o ontem que passou."[7]

"Cada individualidade renasce em ligação com os centros de vida invisível do qual procede, e continuará, de modo geral, a ser instrumento do conjunto em que mantém suas concepções e seus pensamentos habituais."[8]

Também é oportuno ressaltarmos as preciosas lições de Manoel Philomeno de Miranda quando trata desse tema. Praticamente em todas as obras deste querido benfeitor ressumam ensinamentos a respeito das obsessões. Vejamos o que ele leciona em *Temas da Vida e da Morte*.

"Preferências iguais assinalam o perseguidor e o perseguido, porque do mesmo nível de evolução moral. Temperamentos fortes, em face das aquisições negativas a que se dedicaram, identidade de interesses mesquinhos, decorrentes da viciação a que se entregaram, facultam ligações de igualdade fluídica, entrelaçando os litigantes no mesmo halo de comunhão, ampliando-se a interdependência na razão direta em que o *hospedeiro* se entrega ao *albergado* psíquico, interdependência que sempre, quando não cuidada, termina na *osmose parasitária* aniquiladora." (Grifos no original)

Nesses mais de trinta anos em que nos dedicamos à tarefa da desobsessão, podemos afirmar que, na maior parte dos pacientes com distonias mentais, detectamos a presença de obsessores provocando ou agravando o quadro psíquico existente.

Uma das dificuldades alegadas por aqueles que lidam na desobsessão é exatamente detectar se é um transtorno mental, se é um caso misto, se é exclusivamente obsessão.

---

[7] Pensamento e Vida – FEB.

[8] Roteiro – FEB (notas da autora).

Em nosso caso particular, nos atendimentos às pessoas que chegam à Casa Espírita e nos procuram para uma orientação, a nossa condição de médium – embora modesta – tem facilitado sobremaneira nessa necessária distinção entre um estado e outro. Pela percepção mediúnica captamos a presença dos perseguidores, entretanto, quando temos alguma dúvida, fazemos uma consulta ao mentor, que em outro momento, em geral pela psicografia, fornece-nos a orientação.

Nesse já longo tempo consagrado à mediunidade, avulta ainda mais a beleza e profundidade da Doutrina Espírita. Em nenhum momento tivemos qualquer decepção em relação aos seus postulados. Ao contrário, a cada dia sentimos aumentar em nosso íntimo a admiração, o respeito e o amor pelo Espiritismo. Porque é a certeza, a opção, o caminho, a luz, enfim, em nossa vida.

Assim, as personalidades paranoides e esquizoides, citadas pela mentora de Divaldo, expressam realmente tudo o que mencionamos, e, ao que tudo indica, portadoras igualmente de grave subjugação mental.

Para esses quadros tão dolorosos, a Doutrina dos Espíritos, revivendo o Evangelho de Jesus, tem a terapia ideal para atender aos sofrimentos humanos.

A frase de Jung, colocada em epígrafe, traduz bem o quanto representam os transtornos mentais, visto que, dependendo da posição de destaque que a pessoa ocupe e da gravidade do caso, podem-se tornar uma verdadeira *epidemia* de males para as outras criaturas, para toda uma nação.

6
MILÃO – GENEBRA – COLÔNIA

6.1 Milão

O trem de Viena para Milão é muito confortável, qual ocorre com a maioria deles na Europa. Viajamos a noite toda. Ao chegarmos, não havia ninguém à nossa espera. A comunicação falhara. Não houve, porém, problemas.

Antes de prosseguir, queremos referir-nos a alguns fatos curiosos:

Em Nova Iorque, quando despachamos a bagagem para Zurique, e já com os cartões em mãos, o Espírito Walter apareceu e disse-me: "– A funcionária se enganou. Ela deu dois cartões de embarque para Nilson e nenhum para você." Eu olhei-os e era verdade. Voltamos lá, explicamos o engano, e este foi corrigido a tempo, pois, poderia ter criado algum problema.

Em Viena, fomos para a Estação Central. Ali chegando, procurei em todos os mostradores de horários o nosso, e, porque não vi a nossa chamada, perguntei o que se passava ao Túlio e ele respondeu-me: "– É que, às vezes, não aparece."

Eu sentia, porém, que algo estava errado. Jürgen foi verificar no meu cartão de reserva e constatou que era da estação West, de onde saem os trens para Itália, e não daquela em que nos encontrávamos. Faltavam poucos minutos para alcançarmos o trem. Tivemos que ir com rapidez, chegando a tempo.

Assim, em Milão, como não lembrávamos do nome do hotel onde nos hospedaríamos, fomos às *Informações* e conseguimos o catálogo telefônico. Eu queria ver a lista dos hotéis, porque, vendo-lhe o nome, eu me recordaria. Abri *casualmente* e me deparei com o nome do mesmo, que era de propriedade do confrade Rosaspina. Telefonamos-lhe, comunicando a nossa chegada e seguimos de imediato.

A conferência estava marcada para se realizar na *Comunidade Vita Nuova*. O tradutor era um rapaz gaúcho, que não tinha experiência, e, como confessou, era muito inibido. O salão estava superlotado, com muitas pessoas de pé; ali estavam amigos brasileiros e outros. Foi um reencontro muito agradável.

Durante a palestra o tradutor se enganou várias vezes, porém, o público retificava com tanto entusiasmo, que se tornou mais simpático e comunicativo.

Tivemos uma noite muito produtiva. Chegando, e estando conosco, Telma Vaselli nos contou um fato muito interessante. Ela estava de saída do *Metrô* indo para a Comunidade *Vita Nuova*, quando perguntou a uma senhora que passava, se aquela era a Via Venine (onde se situava a entidade). Ela respondeu: – *É esta mesma, na qual estamos andando.* Continuaram caminhando, e, de repente, a senhora voltou-se para elas (Telma estava com sua filha) e indagou: – *Vocês estão indo para a Comunidade Vita Nuova?" – Sim, é para lá que seguimos."* – *Eu também* – respondeu. E foram juntas.

São estas coincidências muito agradáveis que evidenciam a mão divina conduzindo-nos pela senda evolutiva.

No dia seguinte fomos ao Duomo, que é uma das igrejas mais famosas do mundo, com milhares de estátuas, vitrais enormes. E visitamos um antigo batistério, que fica sob a grande praça.

Ao sair, fomos caminhando, e quando nos demos conta estávamos diante do hotel onde Telma e filha se hospedavam. O reencontro foi providencial, porque assinalamos alguns labores em Roma com pessoas interessadas.

Nessa noite não tínhamos palestra.

Fomos jantar com amigos e o tema foi Espiritismo. Inteiramo-nos de um pequeno grupo em formação e realizamos um estudo evangélico no lar.

Ficaram em Milão admiráveis contato e a sementeira.

6.2 Genebra

No dia seguinte, 6, tomamos o trem de Milão para Genebra. Fizemos uma viagem muito agradável em três horas e poucos minutos. A Drª. Terezinha Rey nos estava esperando com duas brasileiras amigas.

Fomos recepcionados no lar de Mme. Malek, a gentil dama, como a chamamos. Ela é princesa na Armênia. O seu país foi invadido por turcos e russos, e sua família, nobre, seus pais, arquiduque e arquiduquesa, foram expulsos.

Às dezenove horas chegaram Joel e senhora, a esposa de Paulo e uma jovem espírita de Lion, para irmos juntos ao hotel de Grenise, à conferência que seria proferida por Dr. Christian Challer, e no qual eu deveria tomar parte.

A Drª.Terezinha havia telefonado ao Dr. Challer informando da nossa breve estada em Genebra, e ele, mui gentilmente, ofereceu-se para dividir o tempo da conferência comigo. O tema que iria abordar era: *Os Guias Espirituais.* Como entrar em contato com eles. Essa conferência fora programada por Editiones Soleil, que é uma entidade que cuida das questões do Espírito com muita seriedade e publicou ao francês o nosso livro mediúnico *Grilhões Partidos.*

A sala era chamada fórum, na Rua Santa Clotilde, nesse hotel. Um público de mais de trezentas e cinquenta pessoas, pagando Fs.12,00 (U$8,00) para poder ouvi-lo.

Tivemos o prazer de rever o Dr. Challer.

Ele realizou a abertura muito bem, anunciou a minha presença com carinho, fez muita propaganda de *Sauvée de la Folie* (Grilhões Partidos), permitiu que fossem vendidos os livros *Notre Demeure* (Nosso Lar, em francês), o nosso já citado, *Le Passage* e *Lumière Spirite,* igualmente da nossa psicografia. Em seguida, passou-me a palavra. Falei por quinze minutos, fazendo uma abordagem sobre o tema em foco. Depois, vieram os debates. Ele entrou em um transe muito interessante. Uma Entidade comunicou-se, mudou-lhe a voz, falando suavemente, e então, duas horas e meia depois, a reunião foi encerrada com alegria geral.

Em seguida, rumamos ao lar.

A minha grande surpresa naquela noite foi verificar que no dia 8 de junho do ano passado, quando estivemos na Sociedade Teosófica, ali em Genebra, e faláramos sobre *A mediunidade e o Cotidiano*, a mesma fora gravada em vídeo, com uma excelente apresentação, em pacote de luxo. Traduzida ao francês, foi considerada de alta qualidade a conferência. Ao me ser oferecida, senti uma alegria inesperada, muito gratificante, que me felicitou.

6.3 Colônia

No dia 7 chegamos à Colônia, procedentes de Genebra, e encontramos Wolfgang, Jürgen e Túlio. Chovia bastante. Conduziram-nos a Frechen, ao apartamento de Loreta, onde nos hospedamos. Depois chegaram Loreta e outros amigos, com os quais conversamos, estabelecendo a programação para o dia seguinte, e só depois fomos repousar.

Pela manhã, após o nosso habitual trabalho de psicografia, saímos para conhecer a catedral de Colônia, que é uma joia de arquitetura gótica. Uma tradição diz que os ossos dos três reis magos estão guardados ali, numa grande urna de ouro...

Retornamos a casa para nos prepararmos para a reunião. Antes, programamos a viagem para Estrasburgo, no dia seguinte, depois da conferência, com o Dr. Júlio Arcanjo.

À noite, tivemos a reunião com Loreta, uma jovem italiana, Clóvis Alessandri, de Goiânia, que é pianista, professor no conservatório, concertista na Europa, Josef – que veio especialmente de Viena – Nilson, Jürgen, Túlio (que fez a tradução) e nós. Apresentamos a fita de videocassete da Dr.ª Telma Moss sobre Passes e Bioenergia. Falamos por duas horas. Realizamos meditação e encerramos a atividade à meia-noite.

Pela manhã, do dia 8, reunimo-nos, onze pessoas, no apartamento em que nos hospedávamos, pra um estudo da Doutrina e comentários.

Enquanto se realizava a leitura, Joanna de Ângelis informou-me que desejava escrever. Solicitei papel e esferográfica e comecei a psicografar. Ao terminar, fui acometido por uma grande surpresa. A página estava redigida em alemão, fato que me ocorria por primeira vez nesse idioma. Túlio fez a leitura no original e traduziu-a para os que não falamos a língua germânica. Ficamos profundamente emocionados, recolhidos em oração de reconhecimento.

O comentário geral deteve-se na correção da linguagem e do conteúdo.

6.4 O médium Divaldo Franco psicografa mensagem no idioma alemão

Washington Nogueira Fernandes

O médium e tribuno baiano, Divaldo Pereira Franco, natural de Feira de Santana, Bahia, psicografou, pela primeira vez, uma mensagem no idioma alemão, de sua mentora espiritual Joanna de Ângelis.

Trata-se de um fato notável do ponto de vista mediúnico, considerando-se que Divaldo, da língua alemã, só conhece a palavra "ya" (sim).

O fato se deu no dia 8 de junho de 1990, na cidade de Frechen, Colônia, na Alemanha.

Divaldo encontrava-se na Europa, atendendo compromissos doutrinários, e foi convidado por um grupo de amigos a ir até a cidade de Frechen para proferir uma conferência, em público, sobre *Fenômenos Parapsicológicos e Mediúnicos.*

Liebe Freunde,

Christus immerdar!

Angesichts einer von Schmerz und quaelender Angst gezeichneten Welt, die sich in riesenhaftem Ausmass in das All erstreckt, ohne je die Problematik der menschlichen Kreatur geloest zu haben, ist die Lebensweise nach dem Evangelium, uebereinstimmend mit der Lehre des Spiritismus die Loesung von groesster Dringlichkeit.

Die Raetsel interpretierend ueber Philosophie, Soziologie und den Lehren ueber die Seele und dem Glauben, Logik und Vernunft zugestehend im Bezug auf religioeses Denken, so liegt im Spiritismus <u>die</u> "Antwort Gottes" auf die ewigen Fragen und Ergruendungen der Menschheit.

Joanna de Ângelis

(Página psicografada pelo médium Divaldo Pereira Franco, em reunião do dia 08.06.90, em Frechen (Colônia), na Alemanha.)

No dia 8 de junho, nessa cidade, Divaldo estava reunido com onze pessoas, dialogando sobre Espiritismo e lançando sementes para a formação de um pequeno grupo de estudos espíritas. Dentre as pessoas presentes estava Clóvis Alessandri, pianista, que dá concertos na Europa, e cuja família é espírita, da cidade de Goiânia, no Brasil.

Divaldo conta que, enquanto estavam reunidos, Joanna acercou-se-lhe, propondo escrever diante de todos. Assim, ele tomou de esferográfica e papel, passando a psicografar *automaticamente*, como sempre o faz, sem ter a menor ideia do conteúdo ou da forma, imaginando tratar-se de uma mensagem em português.

Quando terminou, para surpresa geral, a mensagem estava escrita em alemão, e um perfume invadiu a sala, impregnando todo o ambiente. Túlio Rodrigues, brasileiro, que reside em Frechen, emocionado, leu a mensagem a todos, que, sensibilizados, a firmaram.

Um dos amigos presentes traduziu (oralmente) a mensagem a Divaldo. Em retorno ao Brasil, porém, Divaldo não se recordava da tradução da mensagem. Somente após quase dois meses é que ele conseguiu uma tradução, através da Srª. E. Keetman, tomando efetivo conhecimento do teor da mesma.

Do ponto de vista doutrinário, dentro da classificação proposta por Allan Kardec, em *O Livro dos Médiuns*, no capítulo XV, a psicografia em tela é do tipo *mecânica*, onde o Espírito dá uma impulsão à mão do médium de todo independente à consciência e vontade deste último. Esta faculdade mediúnica, segundo Allan Kardec, é muito valiosa por não permitir dúvida alguma sobre a independência do pensamento daquele que escreve.

Divaldo também esclarece que não tem conhecimento, até agora, de que ele ou Joanna tenham tido alguma encarnação em que tivessem tido contato com o idioma alemão. Chamamos a atenção que este tipo de fato mediúnico foi estudado por Allan Kardec, no Capítulo XIX – *Os Médiuns nas Comunicações* –, também em *O Livro dos Médiuns*, para o qual remetemos o leitor. Os Espíritos disseram a Kardec que nem todos os médiuns são aptos a este gênero de exercícios, e só acidentalmente os Espíritos a eles se prestam.

Divaldo já psicografou em outros idiomas que não conhece, como o inglês (várias vezes, sendo duas delas de trás para frente); o francês; o italiano; o espanhol (tem rudimentos do idioma), também de trás para frente, diante de câmaras de televisão; e uma frase em árabe.

Uma pessoa amiga, professor de alemão há vinte e sete anos, com sólidos conhecimentos do idioma, apesar de não comungar dos ideais doutrinários, aquiesceu, bondosamente, em tecer alguns comentários referentes *unicamente* à estrutura linguística e gramatical da mensagem em tela, quando lhe apresentamos.

Segundo o professor, "a mensagem consta de dois períodos mais ou menos longos, mas, a meu ver, bem concatenados, nos quais as orações fluem com espontaneidade e clareza; não consegui divisar neles qualquer deslize de gramática. Interessante notar que foi utilizada ortografia antiga, especificamente com referência à ausência dos tremas, tendo sido utilizada a forma de vogal dobrada; da mesma forma, houve utilização "SS", em vez do "B" (esticét)."

Assim, o fato mediúnico em questão constitui-se num evento doutrinário de relevo, a ensejar estudos e reflexões.

(Transcrito do *Jornal Espírita* de outubro/90)

Tradução da mensagem:

Queridos amigos:

Cristo para sempre!

Diante de um mundo marcado pela dor e torturado pela angústia que se estende em escala gigantesca ao Universo, sem jamais ter resolvido a problemática da criatura humana, a vivência conforme o Evangelho e de acordo com os ensinamentos do Espiritismo é a solução de maior urgência.

Interpretando os enigmas da Filosofia, Sociologia e os ensinamentos sobre a alma e a fé, concedendo lógica e razão em relação ao pensamento religioso, está, no Espiritismo, a "resposta de Deus" às eternas perguntas e indagações da Humanidade.

Joanna de Ângelis

No dia 9 tivemos a palestra no auditório público; foi traduzida por um intérprete profissional.

A conferência no *Stadisaalfoyerfrechen* transcorreu conforme programado. Estiveram presentes mais de cinquenta pessoas, e contamos com um excelente tradutor profissional. Falamos a respeito de *Neuroses na sociedade contemporânea* e *das soluções que o Espiritismo tem para os dramas do cotidiano.*

Houve muito boa recepção. Apresentamos um videocassete com comentários e tivemos a satisfação de receber a presença de Dr. Júlio e Elza Arcanjo, da Federação Espírita do Espírito Santo, que estão fazendo cursos de doutorado em Estrasburgo, na França, e vieram acompanhados de Dr. José Carlos e Dr.ª Maria Goretti, que estão em Toulouse, na França, igualmente em cursos de especialização.

Terminada a conferência fomos para a casa de Loreta, onde realizamos um culto evangélico e falamos ainda a respeito das técnicas da bioenergia. Durante a reunião tivemos a presença dos bons Espíritos de forma inconfundível...

Ao encerrarmos, às vinte horas, seguimos de automóvel a Estrasburgo com o Dr. Júlio e família.

6.5 Xenoglossia

Em Frechen (Colônia), na Alemanha, Joanna de Ângelis surpreende a todos escrevendo uma mensagem em alemão através de Divaldo.

Tendo uma psicografia mecânica, o próprio médium não se dá conta, no momento da transmissão, que o texto, que aos poucos vai sendo passado para o papel está no idioma germânico.

Ao final, cessando o transe mediúnico, a surpresa dos presentes não é maior que a dele, que só então fica ciente da ocorrência.

É importante ressaltar que a mediunidade de Divaldo apresenta uma riqueza de aspectos, havendo, como é natural, algumas características dominantes, quais sejam: a psicofonia, a psicografia, a vidência, a audiência, o desdobramento, assim também a de efeitos físicos, de cura, a transfiguração, a psicometria de ambiências e a possibilidade de, em certas circunstâncias, mediante o comando de sua mentora, atuar como médium *poliglota* (xenoglossia, conforme a classificação de Kardec, em *O Livro dos Médiuns*, capítulo 16, item 191).

Referindo-se à variedade dos médiuns escreventes (ou psicógrafos), o codificador esclarece:

"Médiuns escreventes mecânicos: aqueles cuja mão recebe um impulso involuntário e que nenhuma consciência têm do que escrevem. Muito raros.

"Médiuns poliglotas: os que têm a faculdade de falar ou escrever em línguas que lhes são desconhecidas. Muito raros." (item 191)

Manoel Philomeno de Miranda, autor espiritual, em seu livro *Nas Fronteiras da Loucura*, psicografado pelo próprio Divaldo, relata, no capítulo 18, três comunicações psicográficas, tendo, cada uma, características específicas.

A primeira delas nos interessa mais de perto. É uma psicografia mecânica. A mensagem, transmitida por um jovem (desencarnado num acidente de moto), tendo sido este preparado para o cometimento pelo dirigente espiritual da reunião mediúnica. O médium, bastante experiente, em desdobramento lúcido, oferece passividade equilibrada, sustentado pelos amigos espirituais.

Vejamos como Miranda narra este momento especial que ocorre na parte final da sessão:

"Vi, então, o Diretor (espiritual) despertá-lo (ao Espírito do jovem acidentado), quanto era possível naquelas circunstâncias, e aclarar-lhe que o momento se fazia chegado, recomendando serenidade e confiança em Deus. Aplicou-lhe recursos calmantes e, tomando-lhe do braço, sobrepô-lo ao do médium em perfeita sincronia, enquanto controlava os centros motores do encarnado para o ditado cuidadoso."

Imaginemos esse processo controlado por um Espírito superior e ele próprio transmitindo a mensagem. No caso, Joanna e Divaldo.

Certa feita, Divaldo contou-nos que, durante determinada época, sofrera de uma insônia prolongada. Pouco era o tempo em que conseguia conciliar o sono. Então os benfeitores espirituais disseram-lhe que iriam aproveitar aquelas horas da madrugada para escreverem um novo livro. Ele argumentou que a insônia o estava cansando muito e que mais um trabalho, exatamente nos seus momentos de repouso, iria exauri-lo. Os benfeitores, todavia, afirmaram o contrário. Que ele conseguisse uma pequena mesa para ser adaptada firmemente sobre o leito, onde, recostado em travesseiros e almofadas, pudesse escrever. E explicaram que o adormeceriam durante o transe mediúnico, de forma mais profunda, o que lhe propiciaria descanso mental. Eles cuidariam de conduzir-lhe o braço e os centros motores para que a escrita ocorresse. Assim foi feito. Após alguns dias, o livro estava pronto. E o sono retornou normalmente.

Em depoimento concedido a Washington N. Fernandes, conforme publicado no *Jornal Espírita*, órgão da FEESP, de outubro de 1990, Divaldo explica (a propósito desta mesma mensagem), que "não tem conhecimento, até agora, de que ele ou Joanna tenham tido alguma encarnação em que tivessem tido contato com o idioma alemão."

É oportuno assinalarmos a grandiosa contribuição do Espírito Joanna de Ângelis à Causa Espírita e em favor do progresso espiritual da Humanidade. No futuro, todo esse riquíssimo acervo de conhecimentos, que consolam e esclarecem a alma humana, e que ela transmite já há mais de quarenta anos através de Divaldo Franco, abrangerá, por certo, um número cada vez maior de pessoas, e, ela própria, será reconhecida como uma das grandes benfeitoras da Humanidade.

Tivemos oportunidade de registrar, em outro livro de nossa autoria[9] , que esse iluminado Espírito tem habitado diferentes vestes físicas, desde os tempos de Jesus (ao que se sabe), com o qual conviveu,[10] sobressaindo-se, sempre, como figura de relevo pelos dotes, intelectuais e morais, colocados a serviço do Bem.

Como mentora espiritual de Divaldo, Joanna se destaca pela fidelidade absoluta a Jesus e a Kardec.

Nessa gigantesca obra, que abrange a teoria e a vivência, Joanna surpreende, não raras vezes, pelas oportunidades que oferece de comprovação da imortalidade da alma, da reencarnação, da comunicabilidade dos Espíritos, etc.

Ao escrever em alemão, ela causa surpresa ao médium e aos presentes.

Algumas teorias podem ser apresentadas, como forma de explicar o processo de transmissão da mensagem.

Os arquétipos e o inconsciente coletivo, de Jung, por exemplo, que forneceriam a Divaldo o material necessário para realizar o feito.

Isto se daria pelo efeito das Leis de Associação (elaboradas por psicólogos acadêmicos no final do século XIX). Duas dessas Leis, a de Similaridade e a da Con-

[9] *O Semeador de Estrelas* – Ed. LEAL.
[10] Como Joana de Cusa (notas da autora).

tiguidade, promoveriam o processo. Ou seja, um arquétipo se torna ativo na psique quando o indivíduo entra na proximidade (contiguidade) de uma situação ou de uma pessoa cujas características possuem uma similaridade com o arquétipo em questão. O arquétipo, sendo ativado, acumula em si próprio ideias, percepções e experiências emocionais associadas à situação ou à pessoa responsável por sua ativação. Portanto, a ativação (de um arquétipo) requer a proximidade das figuras ou situações adequadas para o funcionamento do arquétipo. (*Jung – Vida e Pensamento*)

Segundo essa hipótese, Divaldo teria entrado em contato com situações e pessoas que motivaram o arquétipo similar.

Também poder-se-ia alegar que, por estar na Alemanha, Divaldo teria *sacado*, do próprio psiquismo dos alemães, as necessárias condições para escrever no idioma local.

Se tais hipóteses fossem plausíveis, o médium baiano também o realizaria em cada um dos cinquenta e um países que tem percorrido com frequência, o que o tornaria um fenômeno, realmente.

Mas não apenas ele. Cada pessoa, com algum tipo de paranormalidade, não deixaria de conseguir o mesmo resultado.

Afinal, no caso dos arquétipos, o inconsciente coletivo da espécie resultaria como fator predisponente para que se alcançassem resultados surpreendentes.

Entretanto, a elucidação do fato sob as luzes da Doutrina Espírita é muito mais lógica, possível e racional: o intercâmbio mediúnico, no qual uma inteligência desencarnada atua sobre uma inteligência encarnada – o médium. Neste caso, propiciando, conforme citado, a escrita mediúnica, que resulta em uma mensagem em um idioma desconhecido do médium.

Divaldo, todavia, esclarece não ter ciência de que sua mentora e ele próprio tivessem alguma encarnação na qual tenham tido contato com o idioma alemão. Sendo assim, podemos fazer algumas suposições:

1º – que Joanna tenha estudado este idioma em alguma de suas reencarnações;

2º – que ela o tenha feito no Mundo espiritual mesmo;

3º – que ela tenha preparado o texto da mensagem antecipadamente.

O confrade Washington N. Fernandes acrescenta em seu comentário, a respeito da mensagem em questão, que a levou para apreciação de um professor de alemão, que leciona há mais de vinte e sete anos esse idioma, e que este analisou-a em sua estrutura linguística e gramatical. Em seu parecer, diz em certo trecho: "(...) não consegui divisar neles (nos dois períodos que compõem a página de Joanna) qualquer deslize de gramática. Interessante notar que foi utilizada ortografia antiga, especificamente com referência à ausência dos tremas, tendo sido utilizada a forma da vogal dobrada (...)"

A constatação de outros fatos com essas mesmas características, produzidos por outros médiuns – conforme a história do Espiritismo registra – e já analisados com rigor em parâmetros científicos, mostra-nos que são suficientes para eliminar qualquer dúvida quanto a alguns dos princípios básicos da Doutrina Espírita: a existência, sobrevivência e comunicabilidade do Espírito.

Assim, o paradigma espírita se impõe, seja pela coerência e alcance, seja pelos critérios científicos de pesquisa, adotados por Allan Kardec, com formulação das teorias específicas a partir dos fatos, elaborando uma filosofia própria de consequências ético-morais e religiosas.

6.6 Aguarda o momento

Este homem carrancudo, hostil e ríspido, que te despreza, sofre os efeitos de males antigos, que se lhe instalaram na alma durante graves períodos de turbulência.

Essa dama nervosa, rude e agressiva, que te surpreende, é vítima de uma família ingrata, que não soube ou não logrou organizar em clima de paz.

Aquele jovem bulhento, irresponsável e zombeteiro, de olhar tresvariado em uma expressão facial cínica, é resultado de um lar em permanente conflito, onde não luz o amor nem o respeito entre os seus membros.

Aquela pessoa indiferente, que segue impassível pela via dos teus sentimentos sem deixar-se tocar, permitiu que morresse *o amor no seu íntimo, tal a soma de decepções recolhidas.*

O grupo social que te parece escarnecedor, e não dispõe de tempo senão para o lazer dos excessos e das alucinações, perdeu o contato com Deus, decepcionado com aqueles que pregam o amor e fomentam a guerra, falam de fraternidade e separam as criaturas, exaltam as virtudes e se fazem promíscuos.

Não os censures, nem condenes ninguém.

Ignoras o que sofreram em dias passados, sob horrores indescritíveis, ou vivem ainda injunções dilaceradoras, nas quais estridulam, desesperados.

Tentam diminuir o efeito dos sofrimentos através de métodos igualmente prejudiciais, sem conseguirem perdoar aqueles que os infelicitaram, perdoar a si mesmos, perdoar a vida.

Os seus excessos os extenuarão e o seu azedume torna-los-á sensíveis a outras aspirações, tal a amargura de que se verão objeto.

Não são maus. Estão sofrendo sem conforto, e negam-se a recebê-lo neste momento.

Terão tempo para despertar, e é necessário que, nessa futura ocasião, encontrem apoio.

Semeia tu, agora, a esperança e a fé com os olhos postos no futuro.

Desde que o solo dos seus corações não aceita a tua proposta de renovação neste momento, põe as sementes de luz em volta deles, a fim de que as possam alcançar mais tarde, quando tiverem condições para beneficiar-se delas.

Faze a tua parte com benignidade e simpatia, sem exigência nenhuma.

A dor, que eles escarnecem, e o amor, que desdenham, são imbatíveis. Permanecem aguardando e se instalam na alma, dominando-a até que ela se plenifique de paz.

Reserva ao tempo o que agora não é possível realizar, e fica tranquilo.

Nunca sofreste o que *essas vidas experimentaram.*

Sobreviveram à loucura geral, na qual, incontáveis sucumbiram e foram devorados pelo desespero e pela morte.

Sofreram guerras exteriores e continuam travando batalhas íntimas, que lhes parecem intermináveis.

Foram violados nos sentimentos mais nobres, que viram estiolar-se ao impacto de males inconcebíveis.

Perderam o respeito pelos outros e por si mesmos, entregando-se ao abandono.

Alguns tornaram-se sonâmbulos, que despertam, de quando em quando, para reagir, desforçar-se, consumir-se.

Têm outros hábitos e costumes, outra cultura, outro idioma, e são, no entanto, teus irmãos necessitados.

Mesmo bloqueados, os seus sentimentos estão intactos. Ninguém os pode destruir, embora as agressões mais vis sofridas.

De um para outro momento, surgir-lhes-á o desejo de experimentar a paz, de repousar. Sentirão saudades do amor e anelarão por ele.

Estará, então, chegada a sua hora. Por enquanto, necessitam da fornalha ardente, na qual se depuram.

O Sol aquece o pomar e o deserto, o rio e o pântano, com a mesma intensidade.

Assim deve ser a tua ação junto às criaturas: gentil com todos e cumpridor dos deveres em relação a todos.

Descobrirás que, no pomar, medram ervas más; no deserto, abrem-se flores; no rio há perigos, e no pântano desabrocham lótus.

O mesmo ocorre em relação às almas.

Nenhuma que seja tão má, que não ofereça bênçãos, ou tão boa, que não lute com dificuldades.

Jesus afirmou que não julgava ninguém, porque nos conhece a todos, e, em razão disso, ama-nos e apoia-nos sem cessar, aguardando que nos integremos nas Suas hostes, sem imposição, nem capricho.

Assim, aguarda o momento.

Joanna de Ângelis
(Frechen, Colônia, Alemanha, 9 de junho de 1990).

6.7 O tempo que há de vir

Entre as situações que Joanna de Ângelis apresenta, na página ditada em Frechen, ressaltamos a do grupo social que perdeu "o contacto com Deus, decepcionado com aqueles que pregam o amor e fomentam a guerra, falam de fraternidade e separam as criaturas, exaltam as virtudes e se fazem promíscuos."

Este é um dos graves problemas que ocorrem nas lideranças religiosas, ou seja, a diferença entre o que se prega e o que se faz. A teoria é atraente, profunda, lógica, mas a vivência é exatamente o oposto.

A Doutrina Espírita é de uma beleza inigualável, porém, nem todos a enxergam assim. Os olhos acostumados a determinados panoramas não conseguem captar-lhe a beleza. Tudo veem de forma distorcida, canhestra, negativa, evidenciando o mundo interior de quem está olhando.

Habituado a restrições, proibições e ameaças, o ser humano, de maneira geral, não pode conceber e muito menos assimilar os princípios libertadores que o Espiritismo preconiza. Com esse entendimento faz uma leitura a seu modo e aplica-a no seu próprio dia a dia e, por via de consequência, no Movimento Espírita.

Por esse motivo, ainda existem pessoas que têm algum tipo de liderança, e que a exercem de forma cerceadora, com largo uso de cobranças e ameaças, a fim de manterem junto de si os tutelados que se deixam levar por essa forma de domínio.

Só tiraniza, agride e ameaça, quem é prisioneiro. Quem vive preso, escraviza o outro. Quem é livre, liberta.

Não é fácil exercer a liberdade devido aos condicionamentos do passado. As pessoas têm receio de ser livres e encarar as responsabilidades decorrentes.

Muitas outras situações ocorrem, também, evidenciando o abismo existente entre a teoria e a prática.

A vivência é, pois, deveras difícil.

Mas, para todos chega o momento decisivo.

A mentora espiritual demonstra que é preciso aguardar o momento de um novo tempo em face das situações que se apresentem quais se fossem *imagens congeladas*. Por um período mais ou menos largo, as circunstâncias são adversas.

Não vem o fruto antes da hora.

"Porque a terra por si mesma frutifica, primeiro a erva, depois a espiga e, por último, o grão cheio na espiga" – leciona Jesus. (Marcos, 4:28)

Assim, Joanna de Ângelis aconselha: "põe as sementes de luz em volta deles, a fim de que as possam alcançar mais tarde, quando tiverem condições de beneficiar-se delas."

Ocorre com essas pessoas o que comumente encontramos nas reuniões mediúnicas: o perseguidor mais empedernido em seu ponto de vista, em seu propósito de vingança, em sua agressiva frieza ou rebeldia, em sua feroz demonstração de ódio – é o que mais sofreu e sofre. É o que mais sente "saudades do amor". No momento oportuno, como o *filho pródigo, cai em si* e desperta. Olha ao seu redor e vê os escombros da própria vida. Sente saudade da Casa do Pai e reflexiona consigo mesmo. Levanta-se, então, e começa o seu trajeto de retorno à casa paterna. Surge em seu mundo interior a luz da esperança e ele caminha em direção ao tempo que há de vir.

7
Estrasburgo – Roma – Nogara

No domingo pela manhã, dia 10, conhecemos Estrasburgo, que nos encantou. Fomos à catedral e vimos o órgão em que Albert Schweitzer tocava. Ele era alsaciano de Kaisesberg. Andamos pela *velha cidade*, que é cortada de canais, já há alguns séculos, para controlar as inundações. Às dezoito horas realizamos o Culto Evangélico, na residência do Dr. Júlio, de que participaram o seu sobrinho, a esposa, a filha e Nilson. Tivemos a oportunidade de receber uma bela mensagem do Dr. Bezerra de Menezes, estimulando-nos, e, logo depois, às vinte e uma horas, tomamos o trem para Roma.

7.1 Roma

Chegamos a Roma no dia seguinte, 11, e fomos para a residência de Telma Perazzo Vaselli, neta de D. Otília Gonçalves, autora do livro *Além da Morte*. Descansamos esse dia, pois a viagem fora à noite, muito cansativa. Saímos para rever alguns pontos históricos. Joanna, que vinha ditando um livro sobre o sofrimento – que ficou denominado como *Plenitude* – utilizou-nos o dia seguinte inteiro para a psicografia.

À noite fizemos um Culto Evangélico, lançando as bases para o futuro Centro Espírita que pretendemos iniciar em Roma. Vários amigos brasileiros estiveram presentes. No dia 13 nos dirigimos a Nogara. É uma pequena cidade onde se encontrava o casal Francesco e esposa.

7.2 Nogara

Em Nogara passamos algumas horas, e, à noite, realizamos um trabalho de estudos para um grupo de pessoas, convidadas especialmente, fruindo momentos muito agradáveis. Terminamos com um Culto Evangélico comovedor, e, no dia seguinte, 14, viajamos a Milão. São quase três horas de carro.

Tomamos o voo Milão – Nova Iorque. Passamos, das duas horas – hora local – até as onze da noite, em Nova Iorque, aguardando a conexão para o Brasil.

Marcelo Almeida e esposa foram ter conosco, no aeroporto, assim como Luís, Nereida Rivadanera e amigos do Templo San José. Às vinte e três horas tomamos o voo para o Rio.

Já era o dia 15 de junho. Chegamos ao Rio às oito da manhã e prosseguimos para Salvador, encerrando, assim, a nossa jornada coroada de bênçãos.

Joanna terminou o livro sobre o sofrimento, psicografei outras mensagens nos intervalos das atividades e, sem poder agradecer a Deus tantos benefícios, aqui encerramos as memórias da nossa viagem.

7.3 Diante de Roma

Revejo, Roma, as tuas glórias no passado.

Os mares vencidos pelas galeras elegantes, as terras conquistadas pelas tuas legiões, os teus estandartes ao vento e os desfiles incessantes de escravos e espólios que passavam diante do teu povo insaciável.

Recordo-me da tua expansão, partindo da região do Lacium, vencendo todos os povos do Mediterrâneo, chegando à África, à Ásia e espalhando-se pela Europa.

Identifico-te nas construções monumentais, nas estradas rasgadas em solos difíceis, nas pontes sobre rios agitados, nos circos colossais para divertimentos, nos templos grandiosos, nos quais os teus Imperadores disputavam primazia com os deuses, deuses eles, que também se consideravam, embora a fragilidade da veste carnal que os cobria.

Repasso pela memória os teus heróis e artistas, poetas, escultores, o teu senado e as tuas leis, pioneiras de muitas legislações da Humanidade.

Comovo-me, ao lembrar-me dos teus campos de batalha juncados de cadáveres, das cidades vencidas, incendiadas, das mulheres viúvas e das crianças órfãs, dos que ficaram aleijados, mutilados, e dos rios de lágrimas e de sangue que corriam onde entronizavas a vitória...

Acompanho, mentalmente, a chegada de Jesus em teus domínios, a Sua morte por covardia moral de um dos teus filhos, e enquanto tu declinavas Ele invadia as catacumbas, ruas e os palácios, conquistando os teus escravos, os teus filhos e os teus senhores...

Tudo mudou, então! Formou-se um calidoscópio de imagens, alteradas pelo rápido movimento da mensagem que Ele trouxe.

A Sua palavra tornou-se mais forte do que a tua perseguição, e cada um, cuja vida ceifavas, cedia lugar a dez outros ou cem, que o substituíam.

Em breve, com a divisão do teu Império, em Oriente e Ocidente, Constantinopla começou a querer superar-te, para, logo depois, o mundo se adentrar nas sombras medievais...

... E enquanto Jesus crescia nas tuas terras, sem desejares ceder-Lhe o espaço que Ele conquistava, foste-Lhe adulterando a mensagem, deformando-Lhe a simplicidade, e impuseste o teu fascínio, o teu poder, embriagando aqueles que Lhe haviam prometido fidelidade e dedicação.

Conspurcando o significado do amor e da igualdade que Ele vivera e pregara, transferiste a tua corte decadente para o santuário dos discípulos d'Ele, e, os teus templos e ídolos, doaste à nova fé, que dispensava altares e construções, por ser a Sua a Doutrinado inter-relacionamento da criatura com o seu Criador.

Tu, porém, te fizeste intermediária em tudo, usurpando o direito do fiel e tornando-te dominadora arbitrária de consciências e vidas.

Armaste os discípulos d'Ele, que deveriam ser sempre pacíficos e pacificadores, para que impusessem, a ferro e a fogo, a mensagem que deve penetrar pelos sentimentos e iluminar, libertando pela razão.

De senhora do mundo pagão, com artifícios e perseguições te tornaste chefe do mundo cristão, *através das guerras que os teus estados papais fomentavam no teu solo.*

Novamente semeaste o terror, passando a ser amada por uns e detestada por outros.

Por fim, Lutero, de início, Calvino, Zwinglio, Erasmo e outros se levantaram contra as tuas imposições, protestando e enfrentando-te, o que gerou novas, dolo-

rosas carnificinas, e guerras que enlouqueceram povos e incendiaram cidades.

Tu havias suportado as invasões bárbaras e venceste aos seus títeres, não conseguindo, porém, superar as tuas paixões.

Com a Reforma, que te abalou, propuseste a Contrarreforma, logo após o momento em que as naus de Portugal e Espanha haviam vencido as distâncias e conquistado novas terras, abrindo as portas ao Renascimento, no qual brilharam os teus filhos.

Todo um novo exército, agora, de sábios, artistas, escritores, poetas, desfilou pelas páginas da História, deixando as marcas luminosas do máximo da beleza que ainda deslumbra o mundo...

A verdade é que, em vinte e sete séculos de existência, sempre te fazes presente, nos acontecimentos da Terra, com destaque, poder e glória.

Novamente, hoje te engalanas para apresentar ao mundo as tuas façanhas grandiosas.

Tuas bandeiras tremulam ao vento.

Os rádios e televisões levam a toda a Terra a tua voz, todos os olhos e atenções convergem na tua direção, acompanhando os acontecimentos que têm lugar no teu solo.

Os estádios recordam os teus antigos circos. Já não são, porém, os espetáculos de outrora, truanescos, entre gladiadores, homens e feras... e sim um campeonato esportivo, promovendo a aproximação dos povos, num relacionamento saudável, favorecendo o intercâmbio e a beleza.

As multidões percorrem as tuas avenidas e praças extasiando-se com as tuas conquistas de ontem e realizações de hoje.

Desperta, no entanto, para Jesus, Roma, e devolve-O à Humanidade conforme O recebeste através de Pedro e Paulo – a quem amas e homenageias sempre – na pulcritude primitiva e na grandeza do Seu amor por todas as criaturas.

Vianna de Carvalho
(Roma, Itália, 10 de junho de 1990).

7.4 Inácio de Antioquia

Vinte anos transcorreram desde que Vianna de Carvalho ditou a Divaldo a página *Lamentação*, exatamente na Itália, em Roma, no Monte Aventino, no dia 8 de agosto de 1970.[11] Esta mensagem é dirigida à cidade de Roma e o autor espiritual a evoca, simbolicamente, dando-lhe *vida* e interpelando-a. Processo este que ele repete em 1990 e *diante de Roma* (que é o título da atual mensagem), novamente a evoca.

No latim usa-se o *vocativo* para chamar e interpelar alguém. Vianna usa desse recurso, o que é muito interessante se levarmos em conta o que o latim representa para Roma.

O fascínio que a *cidade eterna* exerce sobre as pessoas é muito intenso. Ainda mais se tivermos em mente, para melhor compreensão, que o autor espiritual está captando, da ambiência etérica, dois mil anos de história romana. Entretanto, diríamos que o teor da mensagem, a forma diferente, que Vianna de Carvalho adota (esse incrível, belo e majestoso diálogo com a cidade de Roma, que ela responde com a sua própria realidade),

[11] *Sol de Esperança*, capítulo 12 – Transcrevemo-la no término do capítulo (nota da autora).

resumam uma paixão antiga, que nos leva a supor, ter ele, palmilhado por aquelas vias, ter vivido – talvez em mais de uma reencarnação – lances decisivos que a História registra, sendo, enfim, um cidadão romano!

O amor por Roma é tão forte que contagia o leitor e, no nosso caso particular, emociona e transporta à Roma dos Césares, dos deuses, das centúrias e legiões, das catacumbas, dos circos, das colinas – uma delas chamada Vaticano – do Monte Aventino, dos templos... todo um passado onde as glórias e os louros terrestres predominam.

Em uma de suas magistrais conferências, Divaldo apresenta episódios da vida de Inácio de Antioquia. Transcrevemos, a seguir, o trecho da palestra em que Inácio chega a Roma, conforme narrado por Joanna de Ângelis ao médium e orador.

"Inácio de Antioquia, ao saltar no porto de Óstia, cercado por legionários, é levado a Roma pela Via Ápia, numa madrugada do mês de agosto. Ao chegar ao acume de uma das colinas que circundam a cidade, ele começa a sorrir. Aquele homem, a ferros, alquebrado, sorria a ponto de comover-se, entre lágrimas e júbilos.

"O legionário dele se acerca, esbordoa-lhe a face, e pergunta, na voracidade da cólera:

– Tu deves estar louco. Por que sorris?

– Sorrio diante de tanta beleza que os meus olhos descortinam. Sorrio porque chego a Roma e vejo uma cidade imponente. Sorrio ao olhar o casario de mármore, as estátuas que rutilam ao Sol, as águas prateadas do Tibre que circundam como um alaúde as montanhas. Sorrio...

"O soldado não podia compreender.

– Mas tu vais morrer. Ainda esta semana tu irás pelo fosso subterrâneo para a arena do circo, onde teu corpo será despedaçado pelas feras da Dalmácia. Como podes sorrir, se tu vais morrer?

– É exatamente por isso que sorrio.

"Pela tela da memória passavam-lhe as cenas da remota Galileia. A gentil Galileia verde e branca dos casais; a suave Galileia do mar a duzentos metros abaixo do nível do Mediterrâneo; a Galileia das colinas, dos miosótis azuis, das trepadeiras em flor e dos *rosais oitenta*, que se abrem e se despedaçam diante da brisa do mês de Nisan.

"Foi numa tarde romanesca de Nisan, abril em Israel, que Jesus, falando aos Seus discípulos, respondia-lhes questões de ternura. Quando lhe indagaram *quem era o maior no Reino dos Céus*, Ele respondeu que era aquele que se fizesse o servo de todos, o menor de todos. E tomando de uma criança que passava, dela fez o símbolo da verdadeira pureza.

"Aquele que quiser entrar no Reino dos Céus, *que seja como a criança, sem malícia, sem presunção, sem astúcia, sem experiências negativas. O Reino dos Céus é para aqueles que a tais se pareçam."*

"Essa criança chamava-se Inácio. Órfão de pais, vivia da caridade pública e popular.

"Quando Jesus morreu em Jerusalém, João, o discípulo amado, trasladou-se para o promontório de Éfeso, onde ganhara uma gleba de terra, no alto da montanha, de onde se podia ver o mar salpicado de velas coloridas. Ele foi, então, buscar a *Mãe Santíssima*, para que lhe estivesse ao lado. Recordou-se da personalidade daquela mulher ímpar, que ficara sem filho, cujo esposo ancião partira da Terra muito antes do filho atingir a idade adulta. Recordou-se, com ternura e saudade, da *Rosa Mística de Nazaré* e foi buscá-la, levando-a para o seu lar – já que o Mestre lhe dera a maternidade espiritual e a ele a responsabilidade de ser filho submisso.

"Levou-a para residir no promontório.

"Em um dia, quando ambos rememoravam Jesus, quase quatro anos depois da tragédia da cruz, João teve, na tela da memória, a lembrança daquele menino que recebera o contato direto do Mestre, aquele que Ele pusera no regaço, nas pernas magras, e que lhe penteara os cabelos com as mãos.

"Uma onda de ternura visitou-lhe o coração doce. Viajou à Galileia e foi a Cafarnaum. Entre informações e buscas encontrou o menino, agora com oito anos aproximadamente. Levou-o a Éfeso e ali, ante o carinho de Maria e o dele, o menino forjou o caráter, desdobrou a ambição espiritual e se tornaria um dos maiores cristãos da Antiguidade Oriental, pelo estoicismo e a coragem, verdadeiro seguidor de Paulo, eminente discípulo de Pedro e do extraordinário, suave e doce João.

"É este Inácio que chega a Roma naquele dia ensolarado de agosto e que sorri. E quando o soldado lhe redarguí:

– Por que sorris?

– Eu sorrio de felicidade porque agora eu posso ter uma dimensão do amor de Deus. Porque, se para vós, que sois adúlteros, corrompidos, abutres que voais sobre o cadáver das gerações vencidas, se pra vós que sois criminosos, Deus concede uma cidade tão bela e tão harmônica, que não oferecerá Ele para os que Lhe são fiéis? Se

a vós vos dá uma cidade opulenta e de prazeres, que nos não dará a nós outros, que Lhe temos dado a nossa vida? Eu sorrio de gáudio, antecipadamente, e anelo para que venha o sofrimento já, a fim de que Ele me leve...

"Inácio foi levado ao subterrâneo, onde encontrou os amigos.

"Ali ele recordou-se de Jesus, falou-lhes durante várias horas a respeito das blandícias do *Reino dos Céus*.

"Uma semana após, quando milhares de espectadores lotavam o circo Máximo e a arena ovalada se repletava de feras da Núbia, da Dalmácia – que não foram alimentadas por uma semana, e, sobre as quais, se atiravam postas de carne ensanguentadas, cheias de vida para lhes espicaçar paladar – os cristãos foram lançados aos animais, que despedaçaram aqueles corpos frágeis de anciãos, homens e mulheres, crianças, também, estoicos, que se não intimidavam diante da morte.

"Enquanto Inácio aguardava o momento da patada no tórax que lhe despedaçasse ossos e músculos, nenhuma fera arrebentou-lhe o corpo, que ele desejava doar em ofertório.

"Conta a querida benfeitora que, naquele momento em que as feras saciadas refugavam os cadáveres e ele, na arena ensanguentada, era o único que persistia, ajoelhou-se, humilhado, e perguntou: *– Por quê? Por que fui poupado? Ser poupado é morte em vida. Por que eu não tive a honra de morrer?*

"Apareceu-lhe um anjo, um ser espiritual, e, contemplando-o entre lágrimas de amor, respondeu-lhe:

– Inácio, morrer é muito fácil, perder o corpo numa só arremetida é um testemunho pequeno para ti. Tu, que

tanto amas Jesus, mereces algo mais penoso e magoador. Tu viverás. Morrer, no momento, leva-te ao paroxismo da abnegação, mas viver entre pessoas que te não compreendam, porfiar quando os outros desconfiarão de ti, estar firme no ideal no momento das dificuldades, eis o holocausto maior. O Mestre deseja que vivas, para que a Sua mensagem saia da tua boca e experimentes o escárnio sem delinquir, experimentes a perseguição continuada sem desanimar. Porque esta é uma morte rápida demais para os que são bons e fiéis.

"Inácio saiu da arena, e os companheiros supuseram que ele houvera abjurado. A calúnia sórdida, a intriga e a maledicência semearam, na comunidade primitiva, que ele teve a vida poupada porque prestara sacrifício aos deuses.

"Inácio nunca se defendeu, porque quem ama Jesus não tem tempo para perdê-lo com defesas inoportunas. Ele jamais se justificou, porque deveria prestar contas ao seu Rei, não aos súditos e escravos, como escravo e súdito era ele. Não disse uma palavra, até que os anos, dobrando-se uns sobre os outros, demonstraram a grandeza desse discípulo eleito que passou a ser o protótipo do cristão verdadeiro, o modelo daquele servidor primitivo de Jesus, elevando-se à categoria de bem-aventurado por seu testemunho de amor..."

Parece tão longe...

Parecem tão longes esses tempos, mas o homem é o mesmo. Hoje troca o circo, a arena sangrenta, pelos estádios esportivos, em competições saudáveis[12], evidenciando

[12] Jogos da Copa do Mundo em 1990 (nota da autora).

que progrediu em muitos aspectos, pois, grande parte da Humanidade já anseia e luta pelos direitos humanos.

Roma, todavia, ainda deseja deter alguma forma de poder sobre os outros povos. Assim mantém, a duras penas, o poder religioso, temporal, numa tentativa de não perder a hegemonia sobre alguns milhões de cabeças que se curvam diante de um trono. O nome de Jesus é pronunciado. É proclamado.

Mas Ele está longe.

O Mestre caminha em outra direção. Há dois mil anos Ele deixou Roma, na célebre cena do *quo vadis, Domine?* Que o cinema registrou com muita beleza.

São longes os tempos, porém, a mensagem do Cristo permanece, tanto quanto Ele próprio a falar aos homens. Sua voz ecoa suavemente num *vibrato* eterno para quem sabe ouvir. Ouça quem tem ouvidos de ouvir.

Nessa conferência, proferida em 25 de novembro de 1992, cujo trecho transcrevemos, Divaldo diria, em outro momento:

"Os atletas renunciam a tudo, para ganharem uma coroa de glória, mas esta é uma coroa corruptível; nós queremos receber uma coroa incorruptível, mas para isto deveremos entregar-nos em caráter de totalidade. O cristão primitivo que anelava a glória espiritual desdenhava a glória terrestre."

Embora o progresso conquistado, o ser humano até hoje não se apercebe da suprema necessidade de se enxergar e sentir como Espírito imortal, cuja essência espiritual, se assim podemos dizer, precisa ser atendida. Esta a lição comovente e inolvidável que nos transmite esse Espírito de escol, Inácio de Antioquia.

Roma é parte integrante da intemporal *Casa de Israel.*
"Ide às ovelhas perdidas da Casa de Israel"...

7.5 Lamentação

Roma dos deuses pagãos!
Roma dos mártires cristãos!
Roma de novas e muitas paixões!...

No tumulto das tuas ruas vencidas pelos dias ciclópicos da atualidade, as novas indústrias do turismo internacional colorem tua paisagem cinza-parda com tintas fortes, e exibem da fauna humana os espécimes mais sofredores e atormentados, excitados pelas fantasias da propaganda bem urdida, que desfilam em enganosas vitórias, como fizeram os teus soldados no passado...

Inutilmente buscas reviver as glórias pretéritas, ora imortalizadas no mármore, no granito, no bronze, ou impressas em pergaminhos amarelecidos, quanto duradouras nos tesouros empoeirados...

Contas aos visitantes atônitos a História e estórias, e eles, na voragem da pressa e do desinteresse que têm por tudo, preferem as narrativas imaginosas e românticas, às informações legítimas sobre os homens e as mulheres que no teu solo, um dia, tentaram consolidar o amor e a verdade no seio da Humanidade...

As tuas colinas célebres e o teu decantado rio Tibre mudaram pouco nestes muitos séculos. Não poucas vezes reverdeceram as terras com o suor dos cativos e o sangue dos soldados, nas batalhas incessantes que travastes através deles para sobreviver.

Exibes tudo e tudo devassas...

A peso de ouro, arqueólogos e historiadores te redescobrem para revender-te aos bulhentos passantes, quase com desconsideração pelas tuas conquistas.

Importas loucuras e exportas sandices.

Onde antes se elevavam hinos de fidelidade e gratidão a Deus, onde se derramavam lágrimas de fervor e se mantinham sublimes colóquios com o Senhor, a bulha dos gárrulos visitantes e a voz extenuada dos guias, pouco fiéis aos fatos, soam agora em algazarra estranha.

Que fizeste do Cordeiro, cujo amor um dia se derramou pela tua cidade e se espraiou na direção do mundo?!

Onde colocaste Deus?!

Por que abafaste as melodias dos mártires com a gargalhada ensurdecedora das tuas ambições?!

Constantino e Helena, os dominadores temporários, encheram-te de símbolos e sinais, lembranças e objetos, que consagraste, tomados à Palestina pela força, mas nublaram as visões da Imortalidade, desde então, quase ocultando-a. Saquearam templos e altares dos antigos deuses de tua rica Mitologia e com suas pedras e tesouros ergueram novos Domos e Catedrais e outros altares, criando, igualmente estranhos deuses para os governar...

E Deus? Quiçá expulsaram-nO!

Muitos séculos depois, a França dos enciclopedistas e dos revolucionários de 1789, enlouquecida, também exilou Deus e entronizou a deusa Razão... tu lhe devolveste, porém, a pedido dela, os teus deuses, através da Concordata de Pio VII com Napoleão. E assim fizeste porque já não O tinhas mais...

A França, depois, recebeu Allan Kardec que O desvelou ao mundo moderno, e a Mensagem que d'Ele vem pela Nova Revelação ressuscita os mortos que já não dormem nas tuas catacumbas e convoca os santos que desceram dos teus altares para caminhar pelo mundo, em nome de Jesus, cuja lição deslustraste ou esqueceste.

Ante os escombros nos quais a irrisão da ganância exibe espetáculos de grosseiras ignomínias, disfarçados de moderníssimos diante dos teus palácios e igrejas, eu, deste monte, revejo Jesus fitando com tristeza a Jerusalém do passado que O não recebia, e recordo-me das Suas palavras.

– Jerusalém, Jerusalém! Que matas os profetas e apedrejas os que te são enviados! Quantas vezes quis eu ajuntar teus filhos, como uma galinha ajunta os do seu ninho debaixo das suas asas, e tu não o quiseste!...

Em verdade te digo, que não ficará aqui pedra sobre pedra que não seja derrubada.

É que, semelhante a Jerusalém, o teu poder e as tuas conquistas, os teus museus e esplendores não são para "a maior glória de Deus", como afirmas, mas para a tua já duradoura, porém ainda efêmera glória, que se acaba quando começam estes dias do Consolador prometido por Jesus, para a Humanidade sofredora de todos os tempos do futuro.

...E enquanto lamento, parece-me rever Jesus, numa paisagem de muita tristeza, em tuas terras, como a repetir singular história do pretérito, avançando com firmeza e decisão.

– Quo vades, Domine?! – pergunto-lhe.

– Saio de Roma para morrer pelos homens outra vez, longe daqui! – responde-me Ele.

Roma dos deuses!...

Vianna de Carvalho
(Extraído do livro *Sol de Esperança* – LEAL).

8
A MISSÃO DE DIVALDO

Narra Mateus (texto no capítulo inicial) o momento em que o Mestre, reunindo seus doze discípulos, delega-lhes uma responsabilidade toda especial – uma missão.

Segundo o evangelista, Jesus *deu-lhes poder*. Que poder seria este? Algo milagroso? Um dom mágico que agisse como uma varinha de condão? Por certo que não. O *poder* é o *conhecimento*. Quando delega a missão, Ele o faz porque os apóstolos já haviam caminhado com Ele por certo tempo, ouvindo preciosas lições e o viram realizando as curas. Não foi, portanto, logo de imediato, quando os convidara a segui-lO, mas quando julgou ser chegada a hora de confiar-lhes tarefas especiais, por estarem em condições de executá-las.

O fato de dizer-lhes o que deveriam realizar, por si só já supõe a possibilidade do êxito.

Em seguida, Jesus esclarece que deveriam ir pelos caminhos, que agissem conforme ensinara, não apenas entre o povo escolhido, mas aos demais – às ovelhas perdidas da Casa de Israel.

Que realizassem o labor da pregação; que efetuassem as curas do corpo e da alma.

Previne-os que a missão deveria ser absolutamente destituída de qualquer ideia de lucro.

Nem ouro. Nem prata. Nem dinheiro algum.

Que falassem aos que tivessem ouvidos de ouvir.

E alerta: – *Envio-vos como ovelhas em meio de lobos.* Iriam arrostar a maldade humana. Para alcançarem o desiderato deveriam ser prudentes e simples, utilizando-se dos símbolos das serpentes e das pombas.

Faz uma advertência grave: – *acautelai-vos dos homens* e explica o motivo – *eles os denunciariam e submeteriam a torturas, à frente dos poderosos do mundo.*

Nesse instante, o Mestre suaviza a dolorosa expectativa daqueles doze homens ante a Sua palavra, prometendo que seriam amparados e que os Espíritos superiores falariam através deles.

Esta belíssima passagem do Evangelho de Mateus é uma delegação de responsabilidades àqueles que são fiéis discípulos da mensagem cristã, e, atravessando o tempo, chega até nós.

Ele mesmo dissera: *"Tudo o que eu faço também podeis fazer. Vós sois deuses"...*

Estes os convites amoráveis que nos chegam. Todos são convidados a atendê-los. Poucos, porém, o fazem.

Por certo que Divaldo Franco atende ao convite, prestamente.

A sua tarefa se enquadra de forma completa nessa delegação de responsabilidades.

Poder – conhecimento.

Expulsar os Espíritos impuros – desobsessão.

Curar todo o mal – esclarecer, erradicar a ignorância.

Ide e pregai – difusão.

Curai, limpai, ressuscitai – passos do atendimento aos que sofrem.

De graça recebeste – o poder/conhecimento.

De graça dai – o amor.

Nem ouro, nem prata... – a verdadeira caridade.

Ovelhas – discípulo fiel.

Lobos – opositores.

Serpentes e pombas – prudência, simplicidade.

Torturas – testemunhos.

Governadores e reis – vida pública, poder político.

O que haveis de dizer – inspiração do Alto.

O Espírito do Pai que fala por vós – mediunidade.

Este livro retrata alguns momentos da missão de Divaldo fora do Brasil.

Quando a iniciou, bem jovem, Divaldo talvez não tivesse a menor ideia da amplitude dessa missão.

A narrativa evangélica é muito clara e rica em detalhes, o que enseja construirmos a cena na tela mental.

Pode-se imaginar os discípulos iniciando o labor. As fronteiras da Casa de Israel se ampliam. Alguns poucos quilômetros, a princípio, pelas estradas poeirentas em meio a toda sorte de imprevistos.

Eles caminham. Pregam a Boa-nova. Curam enfermos, porque iluminam consciências. São poucos os ouvintes. São inúmeras as carências humanas.

Dobram-se dois milênios.

O convite permanece no ar.

Ampliar fronteiras. Abrir clareiras na imensa floresta da ignorância, onde os lobos rapaces estão instalados – as feras dos instintos inferiores.

Estar diante do imenso público com suas inúmeras carências. E diante dele falar. Levar a Doutrina Espírita aos distantes rincões da Terra. *Às ovelhas perdidas* – recomendou Ele – *preferencialmente.*

Divaldo segue. Prossegue. Não há mais fronteira alguma. Fortalecido na fé, atende e corresponde à expectativa dos benfeitores da Vida Maior. Por isto, quando fala, as Vozes dos Invisíveis falam por ele.

Em *O Livro dos Médiuns*, Allan Kardec, no capítulo 31, apresenta as *Dissertações Espíritas* subdivididas em comunicações autênticas, acerca do Espiritismo, e comunicações apócrifas. Entre as primeiras, a de número 9 tem especial característica. Após a apresentar, o codificador faz uma observação dizendo ter sido obtida por um dos melhores médiuns da Sociedade Espírita de Paris e assinada com um nome "que o respeito nos não permite reproduzir, senão sob todas as reservas, tão grande seria o insigne favor da sua autenticidade (...). Esse nome é o de Jesus de Nazaré." Após tecer mais algumas considerações, aduz: "Na comunicação acima apenas uma coisa reconhecemos: é a superioridade incontestável da linguagem e das ideias (...)".

Mais tarde, Kardec irá transcrevê-la em *O Evangelho Segundo o Espiritismo*, capítulo VI, *O Cristo Consolador*, item 5, colocando-a como assinada pelo *Espírito de Verdade.*

Isto significa, é óbvio, que ele a considerou autêntica, e que o Espírito de Verdade é Jesus.

Esta belíssima mensagem, que se inicia exatamente assim – "Venho, como outrora aos transviados filhos de Israel, trazer-vos a verdade e dissipar as trevas" – é a ligação histórica entre o Cristianismo e a Terceira Revelação.

Este é um ponto da maior importância, que já há alguns anos temos procurado ressaltar em nossas palestras. A autenticidade da mensagem é impressionante, realmente notável. Pois, tendo sido captada por uma das jovens médiuns, uma quase menina, esta, jamais teria condições de conceber uma imagem de tal simbolismo, que fizesse exatamente a ligação com o comovente instante em que o próprio Mestre delega a missão aos discípulos de irem às ovelhas perdidas da Casa de Israel.

Hoje, Ele retorna!

E vem falar, como outrora, às ovelhas perdidas da Casa de Israel. É o Consolador – segundo a Sua promessa.

E o Espiritismo, apoiado no tripé de Ciência, Filosofia e Religião, atende a plenitude dos anseios humanos.

Feliz Divaldo, que cumpre a sua missão e se fez cidadão de um mundo sem fronteiras na intemporal Casa de Israel.

Apelo

Vem, Celeste Amigo, vem!
Toma do nosso passo
E leva-nos ao caminho do Bem.
Vem, Celeste Amigo, vem!
Para que Te possamos servir
E amar
Entregues ao espírito de renúncia

Por fidelidade a Ti.
São tantos os que Te dizem "Senhor! Senhor"!
Mas, poucos são aqueles que Te amam.
Permite, Senhor,
Que em nossa noite de agonia
Possamos curvar-nos à dor.
E sob o látego da provação
Entreguemo-nos em holocausto
Ao Teu amor.
Dia novo de luz – hora de bênção.
O Evangelho em triunfo
Necessita do adubo do testemunho.
Somos aqueles discípulos equivocados
Que malogramos ontem,
Que nos equivocamos hoje,
Mas a Tua Soberana Misericórdia
Nos reconvocou
Toma de nossas mãos
E leva-nos, Amigo Divino,
Ao caminho da libertação.

Agora, meus amigos, é a nossa hora,
Não amanhã.
Este é o nosso momento.
Não depois.
Jesus hoje, Jesus ontem, Jesus sempre.[13]

Bezerra

[13] Mensagem psicofônica através de Divaldo Franco, em 25 de novembro de 1982, no Grupo Espírita *André Luiz*, ao término de uma conferência. Rio de Janeiro (nota da autora).

9
Depoimentos sobre a vida e a obra de Divaldo Franco

O Dr. Washington Luis Nogueira Fernandes (autor do livro *Mansão do Caminho 40 anos*) escreveu a dezenas de pessoas que contataram com Divaldo Franco nos cinquenta e um países por ele visitados, solicitando suas impressões a respeito do médium e orador baiano, bem como informação sobre a sua conduta e as atividades desenvolvidas, quando das visitas às cidades onde os mesmos residem.

Das inúmeras respostas obtidas, selecionamos apenas algumas firmadas, respectivamente, pela Dr.ª Therezinha Rey, Dr. Christian Schaller, Dr.ª Marilyn Rossner, Josef Jackulack e o arquiteto André Studer.

Incluímos, também, uma entrevista concedida a uma emissora de rádio pela Sr.ª Julieta Marques, e transcrevemos uma página escrita pelo Sr. Nilson de Souza Pereira.

O Dr. Washington autorizou-nos a transcrição dos documentos, mantendo, com ele, os originais, um dos quais apenas fotocopiamos.

THE INTERNATIONAL INSTITUTE OF INTEGRAL HUMAN SCIENCES

Int'l Headquarters:
I.I.I.H.S. Townhouse Centre
1974 de Maisonneuve West
(514) 937-8359
1-7p.m., Mon.-Fri.

Mailing Address:
P.O. Box 1387, Stn. H
Montréal, Québec
H3G 2N3
Canada

March 13, 1991

Washington Luiz N. Fernandes
R. Bertioga No. 337 – Vila Mariana
Sao Paulo, BRAZIL

Dear Washington Luiz N. Fernandes

Thank you for your letter asking about Divaldo Franco whom I have had the priviledge of knowing for many years.

Divaldo has been an inspiration wherever he has been. His wisdom, knowledge, understanding of spirit phenomena combined with his sincerity to serve humanity make him an ambassador for PEACE! LOVE! LIGHT! and JOY + UNIVERSAL TRUTHS!

His trips to our community have encouraged people to search for God and to realize the truth about eternal life. His message has always been an enlightening one and yet one which creates a childlike essence in the listeners.

He has shared many gifts of the spirit with us here in Montreal. In addition to the lectures and teaching he has given clairvoyance, spiritual healing, and of course with great accuracy and success and with such a great love that many, many received an inner healing.

Personally we feel that Divaldo is contributing to the universal truths of Spiritism and is presenting it in a way which enables people from all walks of life, philosophies and religions to participate in.

Divaldo is a LIGHT of LOVE along the PATHWAY of LIFE and we are indeed grateful that he crossed our path.

cont'd...

Washington Luiz N. Fernandes
Sao Paulo, Brazil

March 13.91

God bless you with much guidance as you prepare a works of truth that will serve as a guidepost to encourage thousands of seekers to find the truth that THERE IS NO DEATH! LIFE IS ETERNAL!

Sincerely & in joy!

Marilyn Rossner

Como conheci Divaldo Franco

Dr.ª Therezinha Rey

Em 1965, após a desencarnação do meu esposo, André Rey, vim passar seis meses no Brasil e tinha despachado de Genebra um certo número de coisas por navio. O Dr. Luis da Glória Mendes e sua esposa, Floraci A. Mendes, grandes amigos de Divaldo e que me hospedaram no Rio de Janeiro, contrataram um despachante para tirar da aduana o que tinha despachado de Genebra. Quando eu quis oferecer ao despachante certa soma, ele disse que era espírita e preferia que fizesse a doação à Mansão do Caminho, dirigida pelo médium Divaldo Pereira Franco, em Salvador, Bahia.

Fiz isso e recebi uma carta do Divaldo agradecendo este pequeno donativo e, a partir daí, começou um intercâmbio que dura vinte e seis anos, para minha maior felicidade.

Em 1977, Divaldo, Nilson e Franscisco Thiesen, Presidente da Federação Espírita Brasileira, foram à Europa[14] e passaram dois dias comigo, em minha casa.

[14] Sobre esta jornada espírita à Europa, que foi denominada "Caravana de Ismael", cf. *A Serviço do Espiritismo* (Divaldo Franco, na Europa), Nilson de Souza Pereira e Divaldo P. Franco – Ed. LEAL, 1982 (nota da autora).

Convidei-os para irem à Universidade, durante o tempo da minha aula, pois o professor tem a liberdade acadêmica de convidar as pessoas de sua escolha para falar aos estudantes.

Convidei Divaldo para falar da Mansão do Caminho, sua realização educativa. Os estudantes ficaram muito impressionados; a palestra dele começou pela Educação e terminou com o Espiritismo. Quando os informei sobre a mediunidade de Divaldo, e que, aos 17 anos, ele recebeu a missão espiritual de cuidar das crianças para encaminhá-las na vida, eles perguntaram qual a motivação de um homem tão jovem para a realização de tal tarefa. Divaldo, assim, falou da Doutrina Espírita, baseada na reencarnação e no amor ao próximo.

A partir daí, cada aluno tinha um caso espírita para contar, como sonhos, premonições e visões.

Um fato mediúnico importante ocorreu nesse dia. Após certo tempo em que Divaldo se expressava em português, e que eu traduzia ao francês aos alunos, esses, me fizeram sinal para dispensar a tradução, pois, apesar dele estar falando em português, eles estavam compreendendo absolutamente tudo. Era como se fosse uma leitura de mente a mente.[15] Meu curso era das onze e quinze às doze horas. Após meia hora de tradução foi que os alunos começaram a compreendê-lo. Às doze horas, ao término do curso, os alunos, em geral, partiam, mas Divaldo continuou a falar e ninguém saiu da sala, permanecendo até as treze e quarenta e cinco, que era o horário da entrada da aula seguinte.

[15] Fato idêntico ocorreu numa palestra de Divaldo em Roma, em 15/06/1977, com tradução ao italiano; cf. Jornal Espírita, 3/94 de São Paulo (nota da autora).

Outro fato mediúnico importante foi a mensagem de Joanna de Ângelis em francês, recebida por Divaldo, no Centro de Estudos Espíritas de Genebra, que funciona em minha casa, na noite de 19 de junho de 91. Sabemos que Divaldo não conhece esse idioma.

Mas, fenômeno notável se passou com um dos membros do nosso grupo espírita, Nicole Boulos, grande cantora lírica do "Gran Theatre de Genebra", muito conhecida, que fundou uma escola no Japão, cantou nos EUA e em toda a Europa. Com 46 anos ela teve um câncer e, infelizmente, depois de três operações, ela estava com metástase no pulmão, na região do coração, nos gânglios linfáticos e tinha os olhos necrosados.

Sabendo da vinda de Divaldo a Genebra, em Junho de 1991, ela me telefonou do hospital, pedindo-nos uma prece, e então marcamos às dezenove horas. Porém, esta era justamente a hora em que os médicos e enfermeiras iam vê-la, e, por isso, ficou inquieta, imaginando que poderia ser incomodada durante a prece. Como por encanto, eles foram antes e, quando saíram, o relógio marcava dezenove horas. Nicole ouviu o badalar dos sinos da Igreja que ficava ao lado. Ela estava hospitalizada a 250 Km de Genebra, na Clínica Lucas Alesare, no Cantão da Basileia. Ela viu, então, uma grande luz, que iluminava sua região coronária e o plexo solar. O sentimento de uma prodigiosa plenitude envolveu-a, como que nutrindo-a, e dela, se apoderou um bem-estar muito grande. Ela fez uma longa descrição, por escrito, que vou entregar a Divaldo.

Ao fim desses fenômenos, Nicole relata que se sentiu muito bem e estava sem necessidade de calmantes;

após uma semana, os médicos a deixaram ir pra casa. Ela chamou essa prece de "Cura Espiritual Verdadeira", que é a do espírito, no sentido de uma aceitação maior da doença e preparação para sua passagem.

Portanto, a contribuição de Divaldo para a difusão do Espiritismo, na Suíça, é de um valor muito grande, porque a Doutrina Espírita, em geral na Europa, tem uma grande conotação com bruxaria, cartomancia, bola de cristal, adivinhos etc. Ainda é considerada como "mesas girantes", a exemplo do que contava a literatura do século passado.

Divaldo contribuiu para esclarecer e mostrar a pureza do Espiritismo, trazendo para o mundo uma Doutrina de amor, tolerância e consolação. Ele mostra a finalidade do Espiritismo, como realização da promessa do Cristo, quando disse que enviaria o *Consolador*, que relembraria tudo o que tinha ensinado e muito mais.

Todo o processo da ciência atual tem trazido a confirmação do precursor Allan Kardec, acerca da *Lei de Causa e Efeito, Ação e Reação*, mostrando que somos os artesãos daquilo que fizemos e do que faremos.[16]

---

[16] A Dr.ª Therezinha Rey nasceu no Brasil e reside em Genebra, na Suíça, há mais de trinta anos, sendo professora de Psicologia, na Universidade. Fundou e dá assistência à Sociedade Espírita de Genebra (nota da autora).

Divaldo, o amigo

Encontrei Divaldo, quatro ou cinco vezes, em Genebra e em seu Centro Espírita, em Salvador. Nós publicamos seu livro *Grilhões Partidos*, em francês (*Sauvée de La Folie*).

Divaldo têm-nos trazido informações maravilhosas acerca de nossos protetores espirituais. Quando eu estava no seu Centro Espírita, com um grupo de americanos, um fantástico perfume de rosas impregnou todo o ambiente, enquanto ele falava.

Posso dizer que Divaldo está trazendo uma nova luz para o Movimento Espírita; seus ensinamentos estão abrindo as portas para uma abordagem holística do ser humano; isto dá base a uma nova sociedade, na qual os homens estejam livres do medo e da miséria.

Sinceramente,
C.T. Schaller[17]

---

[17] Dr. Christian T. Schaller é médico suíço e professor da Universidade de Genebra. Criou a *Foundation Soleil*, que publica livros, vídeo e audiocassetes, realizando terapias alternativas na sua Fundação. Tem várias obras publicadas em francês e traduzidas para outros idiomas (nota da autora).

Opinião valiosa

13/03/1991

Caro Washington Luiz N. Fernandes.

Agradeço-lhe a carta perguntando sobre Divaldo, a quem tenho o privilégio de conhecer há muitos anos.

Divaldo tem sido uma inspiração, onde quer que ele tenha estado. Sua sabedoria, conhecimento, compreensão do fenômeno espiritual, combinados com sua sinceridade em servir a Humanidade, fazem-no um embaixador da Paz, Amor, Luz, da Alegria e das Verdades Universais.

Suas viagens para nossa comunidade têm encorajado pessoas a procurar Deus e a compreender a verdade sobre a vida eterna. Sua mensagem tem sido sempre uma iluminação, e também, é alguém que cria uma essência infantil nos ouvintes.

Ele tem dividido conosco muitas dádivas espirituais, aqui em Montréal. Além das palestras e ensinamentos, ele tem feito clarividência, curas espirituais e logicamente com grande precisão e sucesso, e, com tanto amor que muitos, muitos recebem uma cura interior.

Pessoalmente nós sentimos que Divaldo está contribuindo para as verdades Universais do Espiritismo, e as está apresentando de uma forma que possibilita a participação de pessoas de todas as formas de vida, filosofias e religiões.

Divaldo é a luz do Amor ao longo da Senda da Vida, e nós estamos realmente agradecidos que ele tenha cruzado nosso caminho.

Deus o abençoe com muita orientação, para que você prepare uma fábrica da verdade, que servirá como um indicador para encorajar milhares de pessoas que buscam encontrar a verdade, que NÃO HÁ MORTE! A VIDA É ETERNA!

Sinceramente e com satisfação,
Marilyn Rossner[18]

[18] A Dr.ª Marylin Rosser é médica psiquiatra canadense, fundadora do *The international Institute of Integral Human Sciences*, em Montréal – Canadá (nota da autora).

Conceito significativo

Viena, 7 de maio de 1991.

Prezado Sr. Fernandes,

Foi uma honra, para mim, conhecer Divaldo pessoalmente, e a minha visita em seu trabalho social foi o ponto culminante, e que me deu muita emoção.

Eu não conheço ninguém que trabalhe para o próximo, em nome do amor, tanto e incansavelmente como o Divaldo, apesar de todas as dificuldades encontradas. Por isso, é difícil, para mim, escrever sobre uma pessoa como ele.

Em 1988 conheci um jovem brasileiro chamado Túlio Rodrigues, o qual fundou um pequeno grupo espírita aqui em Viena e, atualmente, vive em Cologne, na Alemanha. Fui convidado para participar das reuniões, e, assim, conheci o Espiritismo segundo Allan Kardec. Aqui, também, tomei conhecimento do Divaldo e sua atividade, e então surgiu a ideia de convidá-lo a Viena. Assim, no dia 4 de junho de 1989, tive a honra de conhecer e hospedar Divaldo pessoalmente.

Em sua primeira visita a Viena, Divaldo fez três palestras e cada dia aparecia mais pessoas, as quais colocaram nome e endereço, no nosso livro de participantes, para serem convidados novamente.

Esse grande interesse mostra, claramente, o resultado de sua viagem.

Um ano depois, observamos o mesmo fato aqui em Viena, mas também em Praga.

Estou convencido que Divaldo contribuiu muito para a divulgação do Espiritismo, aqui em Viena, através das palestras, pois ele tem um grande número de fiéis ouvintes. Ele ajudou as pessoas a tomarem conhecimento de Kardec, que, infelizmente, ainda é desconhecido aqui, e também a descobrirem a beleza e pureza do Espiritismo kardecista...

É difícil para nós avaliar o verdadeiro resultado, pois é preciso plantar a semente primeiro, para depois, mais tarde, colher os frutos.

Quase sempre, na introdução à meditação, fenômenos mediúnicos aconteceram, nos quais os Espíritos materializaram, para nós, o cheiro de éter que, alguns minutos depois, era acompanhado por um outro: por exemplo, o aroma de rosas ou de madeira doce dos trópicos.

Isso aconteceu, também, na sessão de passes, e sua visita nos deixou uma energia forte, assim como profunda comoção.

Eu me despeço com um abraço fraternal, e que Deus o proteja.

Com respeito e consideração.

Josef Jackulack[19]

---

[19] Josef Jackulack é jovem tcheco (com cidadania austríaca), residente em Viena, que tem lutado pela divulgação do Espiritismo na Áustria e nas Repúblicas Tcheco e Eslava (nota da autora).

ARQUITETO ANDRÉ STUDER

Divaldo tem-se tornado um amigo muito querido para mim, posso dizer, um irmão em espírito. Ele tem ganhado alguns *devotos* fora de nosso grupo chamado G-19 (Fundação para a Melhoria da Consciência Global), que arrecada verbas para a *Mansão*, e está, parcialmente, ajudando-o no seu trabalho.

Divaldo esteve três vezes conosco, e estamos ansiosamente aguardando sua quarta vinda, no final de maio, para uma palestra e um *Workshop*[20]. Assim, o campo para o Espiritismo não pode ser o mesmo aqui, e antes de sua chegada, era praticamente nenhum, se compararmos com o seu país, em virtude de ter uma história bem diferente. Há fortes e sólidas ligações (vínculos) com o passado, não permitindo uma fácil mudança para novas descobertas e ideias. Divaldo fala com muito entusiasmo e compromisso, com muita clareza e inspiração, e, assim, seu crédito pessoal está crescendo cada vez mais.

[20] Carta firmada no dia 08 de março de 1991. Divaldo atualmente já esteve em Zurique sete vezes (nota da autora).

Posso dizer que minha ligação com Divaldo foi através de Glória Karpinski, de Winstom-Salem, NC—USA, uma muito estimada professora de mediunidade em nosso grupo, há seis anos. Ele deu-me o endereço de John Zério. Assim, eu escrevia a ele, e nós organizamos sua primeira vinda à Suíça.

A reação pode ser medida pelo público que vem à sua palestra, cada vez maior.

No fim dos seus dois últimos *Workshops* e da sua última palestra, Divaldo produziu, durante a meditação, uma forte e impressionante fragrância, inicialmente éter, depois, uma vez de sândalo, e duas vezes de rosas. Não havia nem sândalo nem rosas no recinto. No fim de um *Workshop*, dois anos atrás, ele mencionou ver alguns Espíritos acompanhando os participantes, disse quem eram e as mensagens que traziam. Foi muito, muito sensibilizante para todos.

Isto aconteceu, também, comigo e Tereza, minha esposa.

Desejo, a você, boa sorte, e uma bela cooperação com esta querida pessoa que Divaldo é.

Com bênção e afeição.
André Studer[21]

---

[21] O arquiteto André Studer é fundador do G-19 (Fundação para a Melhoria da Consciência Global), em Zurique, Suíça, reconhecida pela Ministério da Cultura (nota da autora).

ENTREVISTA

Entrevista de Julieta Marques, Presidente da Associação Espírita de Lagos (Portugal) no Programa Frente a Frente, na Rádio Alvor, em Portimão, Portugal, no dia 15 de maio de 1993.

Programa Frente a Frente: - Temos hoje, em nosso Programa Frente a Frente, como já estava prometido na semana passada, a Sr.ª Julieta Marques, Presidente da Associação Espírita de Lagos. Boa noite, D. Julieta!

Julieta Marques: - Boa noite! Boa noite aos ouvintes que estão nos escutando nesta hora. É com muito prazer que estamos aqui neste programa.

PFF: - Muito obrigada, D. Julieta! Antes de falarmos propriamente de suas atividades à frente da Associação Espírita de Lagos, vamos falar um pouco, primeiro, de Divaldo Franco.

JM: - Sim, naturalmente, considerando que, na última programação, muito terem falado de Divaldo, estamos aqui para dar um pouco a conhecer sobre ele neste mesmo programa. Pois, há vidas que inspiram vidas; há vidas que incentivam vidas e há vidas que semeiam vidas. Divaldo Franco está enquadrado em todas essas situações; ele é, realmente, uma dessas vidas que inspiram, incentivam e semeiam vidas por onde passa.

PFF: - Ele ainda está em Portugal, não é?

JM: - Sim, hoje mesmo apareceu na televisão, às 8h da manhã. Portanto, desta vez, Divaldo já apareceu três vezes em nossa televisão portuguesa, o que é efetivamente um êxito, não é?

PFF: - Não há dúvida.

JM: - Esteve no programa *Ponto por Ponto*, no *Chá das 5*, com Teresa Guilherme, e, esta manhã, no *Programa da Manhã*.

PFF: - D. Julieta, quantas conferências ele vai fazer nesta *tournée* alongada, não só em Portugal?

JM: - A partir do dia 23, seguirá à Espanha e depois percorrerá toda a Europa, desde Áustria, Noruega, Itália, Suécia, França e também Repúblicas Tcheca e Eslava... Portanto, ele estará percorrendo toda a Europa, levando sua palavra sobre o Evangelho e a Doutrina Espírita.

PFF: - E quantas conferências ele já fez?

JM: - Bem, quero dizer que o ano tem cinquenta e duas semanas, nas quais ele realiza duzentas e oito palestras, em média. Em quarenta anos de atividades no mundo, não podemos dizer só Movimento Espírita Brasileiro ou Português, mas mundial, porque ele tem percorrido países de todos os continentes; em quarenta anos, são mais de oito[22] mil palestras que já conferiu. Isto significa que Divaldo Franco...

PFF: - É uma mensagem que todos querem ouvir.

JM: - Sim, e ele é um grande paladino do Evangelho.

[22] Atualmente Divaldo Franco já proferiu mais de 20 mil conferências e seminários em 2 mil e quinhentas cidades entre 69 países de todos os continentes (nota da Editora).

É um homem que transporta aquela mensagem, e também o exemplo, porque poderia falar sem exemplificar, mas fala exemplificando, e isto é uma riqueza tão grande, que nos sentimos pequena diante dele.

PFF: - Eu gostaria de dizer, até, que nas conferências que nós assistimos, quando da sua vinda agora em Algarve, percebi que as pessoas, ouvindo-o, ficavam *vidradas* na sua palavra.

JM: - Exatamente. Porque o Evangelho é efetivamente um festival de conhecimentos e ensinamentos. É, ao mesmo tempo, um banquete que Jesus nos ofereceu, e Divaldo Franco é que está servindo este banquete. Então, a Humanidade está sequiosa realmente de uma palavra de estímulo, de encorajamento, de alerta e incentivo, e quando percebe estar diante de alguém que transmite pela vibração de palavra, do próprio gesto, pela irradiação de energia que brota dele, as pessoas ficam quietas diante da personalidade de Divaldo.

PFF: - D. Julieta, concretamente, em síntese, para as pessoas que não tiveram oportunidade de ouvir Divaldo, nem de conhecer seus livros, também maravilhosos, qual a verdadeira mensagem de Divaldo Franco?

JM: - A mensagem de Divaldo, fundamentalmente, é uma esperança. O mundo está sem esperança. Os noticiários mostram a vida cheia de dificuldades e medos; o medo está inculcado nas criaturas; o pavor da morte, da guerra atômica, da AIDS, da toxicomania, do desemprego, da fome... As pessoas ficam atemorizadas e entram em pânico por tudo e por nada.

Então, Divaldo porta, consigo, uma mensagem de esperança, de quietude, de serenidade e segurança.

PFF: - Um amor muito grande ele transmite às pessoas.

JM: - Sim, porque o Evangelho é exatamente isso; é essa segurança e certeza que a Doutrina Espírita nos faculta sobre a nossa própria imortalidade, que faz com que o ser não tenha medo da bomba atômica ou da AIDS... porque eu só vou ter AIDS se estiver na minha situação cármica, ou se buscar... Ela é a lepra e a peste bubônica de ontem.

PFF: - Só que com outro nome.

JM: - Exato! Então por que ter medo? A morte não nos despoja de nada, a não ser do corpo físico; o Espírito volta ao Mundo espiritual e, mais tarde, reencarna num outro corpo, em busca de novas experiências.

PFF: - Acho que é, realmente, uma mensagem de amor que ele transmite.

JM: - Ele viaja, por exemplo, em média, duzentos e dez dias por ano.

PFF: - E eu quase me pergunto em que dias descansará.

JM: - Não descansa.

PFF: - É, realmente.

JM: - Há uma história muito interessante e posso aqui contar porque é extremamente ilustrativa e que mostra até que ponto ele é solicitado pelo Mundo espiritual e pelo mundo dos homens também... Uma entidade espiritual tinha muita urgência em transmitir à Terra um determinado tipo de conhecimentos, e, Divaldo, tinha as condições mediúnicas para poder receber esta mensagem e estes esclarecimentos. Então, o Espírito disse-lhe que se organizasse de modo a que fosse possível transmitir um livro através dele. Divaldo disse que não podia, pois, não tinha mais tempo; estava dormindo só quatro horas por noite e precisava repousar. O Espírito disse que não tinha problema; que ele arranjasse uma tábua, sentasse na cama, num jeito confortável, com almofadas, de maneira que pudesse ficar com o tronco elevado; colocasse a tábua sobre os joelhos e ao lado os lápis, canetas e uma resma de papel. Ele iria adormecer e os Espíritos utilizariam a mão dele e mecanicamente fariam o resto. Quando acabasse o tempo necessário para escrever as páginas propostas para isto, eles o ajudariam a deitar, colocando a tábua ao lado na cama, e ele continuaria a dormir. Diz ele que acabou por ganhar mais meia hora de sono nesse trabalho (risos), havendo psicografado o *Panoramas da Vida*. Por vezes, há, em que ele fala oito horas consecutivamente, sem demonstrar cansaço ou má vontade.

PFF: - Isso é muito importante.

JM: - Sim, ele tem o sorriso sempre aberto. Porque é muito interessante que nós, hoje, olhamos para as pessoas, onde quer que seja, na rua, no consultório, no mercado e não se vê um sorriso no rosto. Parece que todo mundo está zangado consigo mesmo e isso se transmite aos outros.

PFF: - A mim acontece uma coisa muito curiosa. Antigamente, eu tinha o hábito de ir para a rua e dizia para as pessoas "Olá", " Boa tarde", "Bom dia", qualquer coisa, mas percebia que as pessoas reagiam com receio e me olhavam desconfiadas. É que, normalmente, não nos amamos.

JM: - É, não nos amamos. Permita que eu faça este apelo aqui. É urgente que nos amemos. Nós temos que nos amarmos a nós mesmos para podermos amar aos outros. Então, o Evangelho de Jesus é um apelo à paz, um apelo ao amor, porque a Humanidade tem falta, não só de pão, mas também de amor. É urgente que percebamos isto. Deixemos de ser criaturas terrivelmente egoístas, envolvidas na dinâmica egocentrista. Precisamos desabrochar, como uma flor de lótus, a grande luz, que vem do Cristo Cósmico.

PFF: - D. Julieta, queria fazer uma pergunta, ainda sobre Divaldo. Fale-nos um pouco das obras e instituições que ele tem criado, os trabalhos maravilhosos ao longo de sua vida.

JM: - Antes, se me permite, gostaria de falar sobre os livros dele.

PFF: - Claro.

JM: - Ele tem, hoje, cento e oito livros publicados e, neste momento, outros estão no prelo. Estão vendidos, até agora, três milhões de livros. Isto representa, realmente, uma dádiva, a entrega dele para a sociedade. Sem dúvida, é um homem que nos merece muito respeito. E muitos desses livros estão traduzidos ao inglês, ao francês, ao tcheco, ao polaco, ao espanhol, ao italiano, ao esperanto e ao braille.

PFF: - Ao esperanto também?

JM: Sim, o Brasil é um dos países que mais lutam pelo Esperanto. Para que os homens possam, efetivamente, fomentar a fraternidade e a paz, é necessário uma língua única. Foi o projeto de Luiz Zamenhof (1859-1917), o homem que trabalhou pelo desenvolvimento do esperanto; o Brasil é o país que, efetivamente, mais esperantistas contém, e o Movimento Espírita lá está, empenhado na divulgação do esperanto.

Mas, com relação à obra social de Divaldo, e é através das obras que os homens se impõem, ele tem um complexo de trinta e dois edifícios, com casas-lares, gráfica, padaria, marcenaria, sapataria, escola de datilografia, creche, escolas de primeiro grau, escola primária, jardim de infância, ambulatório médico e odontológico entre outras coisas. Sua obra social é, efetivamente, qualquer coisa de extraordinário.

PFF: - É realmente um espetáculo.

JM: - Nós estivemos lá na Mansão do Caminho, na cidade de Salvador, Bahia, e nossa alma quedou estupefata diante de uma Obra de tal monta. Como é que um homem só pode construir uma Obra tão linda! Passaram pela Mansão do Caminho mais de cinquenta mil crianças, que foram, portanto, preparadas e educadas.

PFF: - E hoje, estão desenvolvendo a sua vida.

JM: - Sim, e isto é muito bonito, e este é o melhor cartão de apresentação de Divaldo Franco.

PFF: - Sem dúvida alguma, sem dúvida alguma. D. Julieta, continuando ainda, diga algo mais sobre Divaldo.

JM: - Oh! Sim. Nós conhecemos Divaldo em 1967, quando ele visitou Portugal por primeira vez. Nós o convidamos a vir ao Algarve, e esteve em nossa Associação, que era a única que existia na ocasião, porque havia profunda perseguição aos espíritas, e ainda hoje há. Na ocasião, só tínhamos autorização de reunir até quinze pessoas; era proibido mais. Então, nós infringimos aquilo que nos tinha sido autorizado e conseguimos reunir setenta pessoas. Foi um arrojo. Então, falar de Divaldo é sempre muito gratificante para todos nós, porque é falar de alguém que está verdadeiramente empenhado na difusão da Doutrina Espírita. E falar da Doutrina Espírita é falar do Cristo Redivivo, e isto é o que, em geral, as pessoas desconhecem: ela é a Terceira Revelação prometida pelo Cristo...

PFF: - D. Julieta, muito obrigada por ter vindo ao nosso programa. Vamos ter oportunidade de voltar a conversar.

JM: - Quando quiser. Um abraço a você e aos nossos ouvintes.

10
APÊNDICE

O fenômeno Divaldo Franco

Nilson de Souza Pereira[23]

Numa época aparentemente repleta de desesperança, desamor e desânimo, uma voz amiga e enérgica se faz ouvir, impelindo-nos a caminhar, a buscar o Mestre Jesus.

A cada dia evidencia-se a penetração do conhecimento espírita nas diversas camadas da sociedade. Inúmeros fatores contribuem para tal ocorrência: problemas psicossociais, socioeconômicos, espirituais, mediúnicos... Admiráveis trabalhadores da mediunidade, que se dedicam com abnegação à Causa Espírita, são demonstrações vivas do poder da mensagem libertadora.

Sem qualquer demérito para esses companheiros, exemplos de dedicação, desejamos reportar-nos ao fenômeno Divaldo Franco.

Não fosse toda a sua vida de dedicação irrestrita à Causa, exemplificando o que divulga nas suas conferências

[23] Nilson de Souza Pereira viveu ao lado de Divaldo desde o ano de 1945. Fundou, com ele, o Centro Espírita Caminho da Redenção e todos os seus Departamentos. Escreveu o livro *A Serviço do Espiritismo* (em parceria com as mensagens que Divaldo psicografou na viagem que ele relata) e reuniu mensagens psicofônicas em diversos livros (nota da autora).

– seja no trabalho educacional da Mansão do Caminho e assistencial, dirigido aos sofredores, seja a sua psicografia, que já publicou cento e dez livros, alguns dos quais estão traduzidos ao espanhol, francês, inglês, italiano, esperanto, tcheco, polonês, alemão e outros vertidos ao braille – tem sido o TRATOR DE DEUS, conforme a feliz frase de Francisco Cândido Xavier, abrindo picadas e áreas novas, para outros que lhe vêm no encalço, e a sua oratória tem arrebatado multidões.

Todos os auditórios têm sido insuficientes para receber as massas que acorrem, sedentas e emocionadas, para ouvi-lo. Nos últimos tempos, especialmente, a questão tem sido relevante e não pode passar despercebida. Em Goiânia, em julho de 92, mais de sete mil pessoas lotaram o Ginásio de Esportes Rio Vermelho, fora os que não conseguiram entrar.

No Rio de Janeiro, em agosto de 93, proferindo cinco palestras naquela cidade, com todos os auditórios repletos mais de uma hora antes, sendo necessário, em algumas vezes, antecipar-se a conferência, já que não podiam entrar mais interessados. Em Volta Redonda, em um ginásio, mais de seis mil pessoas se acotovelavam em todas as áreas, a ponto de os administradores manterem fechados os portões de entrada. Em Petrópolis, voltaram centenas de pessoas, que não encontraram possibilidades de ficar nos arredores do salão e assim por diante.

No mês de setembro de 93, em Santos, o ginásio onde Divaldo se apresentou esteve superlotado, com mais de quatro mil pessoas. No dia seguinte, Divaldo permaneceu por horas seguidas concedendo autógrafos e atendendo pessoas, em Santo André, culminando a atividade com uma comovedora palestra, em ótima disposição física e psíquica, quando se comunicou o Espírito Bezerra de Menezes, a todos sensibilizando pela beleza da mensagem.

Logo depois, em São José do Rio Preto, Votuporanga, Catanduva, todos os salões foram insuficientes. Em Rio Preto, mais de duas mil e quinhentas pessoas estiveram presentes num clube, nos arredores da cidade. O mesmo fenômeno sucedeu nos dias imediatos, em Corumbá, Campo Grande (MS), surpreendendo a todos, mesmo aqueles que estão acostumados com o verbo do conhecido baiano.

No mês de outubro de 93, ao ser homenageado com o Título de Cidadão de Porto Alegre (por unanimidade de votos da Câmara de Vereadores, qual ocorreu com todos os outros que ele recebeu, cerca de sessenta), o Ginásio Tesourinha, da capital gaúcha, reuniu mais de seis mil pessoas para ouvi-lo. Logo a seguir, em Santana do Livramento, em outro ginásio, mais de cinco mil pessoas foram escutá-lo e se emocionaram até as lágrimas, como também sucedeu em Uruguaiana, com mais de cinco mil pessoas no ginásio da cidade. Em todos os lugares Divaldo tem conseguido o máximo de público, conforme confessam os administradores dos recintos, sempre aplaudido de pé e interrompido com palmas durante as conferências.

Não deixa de ser um fenômeno que merece ser estudado.

A respeito, eis o que escreveu o Deputado Mendes Ribeiro, homem de comunicação, no Rio Grande do Sul, no *Correio do Povo*, edição de 5 de outubro de 93, dois dias depois da entrega do Diploma de cidadania pelo Sr. Prefeito da capital gaúcha:

O grande pregador

Não havia um só policial. Não era preciso. As seis mil pessoas presentes domingo, no Tesourinha, queriam ouvir um pregador. O maior de todos. Ao mesmo passo, desejavam assistir à homenagem prestada pela Câmara Municipal, fazendo Cidadão de Porto Alegre a Divaldo Pereira Franco. A fé era o grande denominador comum. Sobretudo, a esperança na possibilidade de acontecimentos acima dos limites de cada um. De todas as suas conferências, esta marcou primazia. Não foi por outra coisa o mar de aplausos interrompendo a fantástica fluência do orador em várias ocasiões. Festas assim, ecumênicas, onde ninguém embreta ninguém, como se fosse dono da verdade, mostram a razão pela qual se esvaziam os templos onde se cuida mais das coisas materiais e menos do Espírito, e se multiplicam as casas realmente de oração, onde todos se nivelam na carência ou na alegria. Foi de ver o desenrolar da solenidade com oradores brilhantes e com uma prece final onde Divaldo, por seus guias, deixou no ar o encanto dos encantos, a certeza das certezas, a verdade das verdades: o homem tem sempre muito mais a agradecer do que a pedir. Se lembrasse disso, seria mais feliz.

Coisas da alma

Divaldo foi ovacionado quando tocou nos quatro gigantes da alma: a ansiedade, a rotina, o medo e a solidão. Quem se rotiniza embaralha-se na mesmice, perde o encanto e sepulta o incentivo. A certeza de que nada de novo vai acontecer amortece a vida. A ansiedade transforma o hoje no pior, pela espera de um amanhã que pode não acontecer. E geralmente não acontece. O medo, carregado de insegurança, atropela o melhor de nossos dias e nos impede de vivenciar o bom.

A solidão

A solidão é um outro capítulo. Só é solitário quem quer. Quem sente solidariedade, solitário não é e nem será. Se nem mesmo a parceria de um cão amigo pode existir, é vital lembrar quem, se acompanhado estivesse, só não estaria. Crianças e velhos, gente espicaçada pelo mau momento e um mundo desigual são oportunidades para quem quer chegar. E quem chega, espanca a solidão, e se vê livre do quarto gigante da alma. Rotina, ansiedade, medo e solidão. Todos os remédios estão em nós, em nossa autoestima. Não pode dar amor quem não se ama.

Gente

Seis mil pessoas e uma só corrente. Não estamos em um mundo sem fé. Vivemos, certamente, momentos de extrema dificuldade, onde pensamos ser difícil separar o bom pregador do charlatão. A filosofia espírita separa muito bem as águas. No Espiritismo existe solidariedade e amor. No outro lado, só interesse. Onde entra dinheiro, não se fala em fé. Mas onde governe amor, aí estará a filosofia pregada por Divaldo. Na gente presente no ginásio, transbordavam amor e fé.

Vivências

Entre os momentos de felicidade, pródigos em minha vida, alguns são tão marcantes, emocionam tanto, que ficam soando como sonhos. O carinho do povo e as palavras do irmão e amigo Divaldo, fizeram-me, domingo, alvo de dádiva ímpar. Inesquecível.

Divaldo, Cidadão de Porto Alegre, cidadão do mundo, tem o condão de transmitir esperança com credibilidade. Confiança com doçura infinita. Afirmação de um mundo melhor com mil lições de amor. Um dia inesquecível para quem teve o privilégio de ver e ouvir a grande estrela.

(Extraído da Revista Espírita *Allan Kardec*.
Goiânia – 6/1994).